U0905833

·福建海上丝绸之路研究丛书·

福建海上丝绸之路

莆田卷

金文亨　蔡天新　林仙久　著

福建省政协文化文史和学习委员会　福建省炎黄文化研究会　编

海峡出版发行集团 THE STRAITS PUBLISHING & DISTRIBUTING GROUP | 福建人民出版社 FUJIAN PEOPLE'S PUBLISHING HOUSE

图书在版编目(CIP)数据

福建海上丝绸之路. 莆田卷/福建省政协文化文史和学习委员会，福建省炎黄文化研究会编. --福州：福建人民出版社，2021.1

ISBN 978-7-211-08545-3

Ⅰ.①福… Ⅱ.①福… ②福… Ⅲ.①海上运输—丝绸之路—历史—莆田 Ⅳ.①K295.7

中国版本图书馆 CIP 数据核字（2020）第 211711 号

福建海上丝绸之路·莆田卷

FUJIAN HAISHANG SICHOU ZHI LU · PUTIAN JUAN

作　　者：福建省政协文化文史和学习委员会　福建省炎黄文化研究会
责任编辑：何水儿
出版发行：福建人民出版社　　电　　话：0591-87533169(发行部)
网　　址：http://www.fjpph.com　　电子邮箱：fjpph7211@126.com
地　　址：福州市东水路 76 号　　邮政编码：350001
经　　销：福建新华发行（集团）有限责任公司
印　　刷：福州德安彩色印刷有限公司
地　　址：福州市金山浦上工业区 B 区 42 幢
开　　本：787 毫米×1092 毫米　1/16
印　　张：15
字　　数：175 千字
版　　次：2021 年 1 月第 1 版　　2021 年 1 月第 1 次印刷
书　　号：ISBN 978-7-211-08545-3
定　　价：98.00 元

前　言

2013年9月和10月，中国国家主席习近平在出访中亚和东南亚国家期间，先后提出共建“丝绸之路经济带”和“21世纪海上丝绸之路”（简称“一带一路”）的重大倡议，得到了国际社会的高度关注和广泛参与。“一带一路”倡议有利于促进沿线各国经济繁荣和区域经济合作，加强不同文明交流互鉴，促进世界和平发展，是一项伟大的事业。福建作为21世纪海上丝绸之路核心区，实至名归。历史上，福建是海上丝绸之路的重要起点和发祥地；现实中，福建在21世纪海上丝绸之路建设中也将发挥其作为核心区的重要作用。目前，关于福建海上丝绸之路的研究却起步甚迟，系统、深入、全面探讨和研究的专著尚缺。研究历史上福建海上丝绸之路的形成、发展、兴盛和变迁，研究福建沿海各地及福建内陆在海上丝绸之路中的地位和作用，为21世纪福建海上丝绸之路建设提供历史借鉴，这是本丛书编纂的目的，因此本丛书探讨和论述福建海上丝绸之路的历史，限于1949年之前。

“闽在海中”，“涨海声中万国商”，福建海上丝绸之路历史悠久，内涵丰富。“福建海上丝绸之路”可以定义为福建与其他国家和地区进行经济文化交往的海上通道。秦汉时期，福建的海上交通已相当频繁，《后汉书》卷33《郑弘传》载：郑弘“代郑众为大司农，旧交趾七郡贡献转运，皆从东冶泛海而至”。东冶即今福州。由此可知，汉代的福州已是东南沿海的重要商港与转运口岸，是海上丝绸之路的重要一环。三国时期，孙吴统治者在福州设典船校尉，负责督造船只，在闽东沿海设温麻船屯，建造船只。载运丝绸等物的福建船只已北达辽东、朝鲜，南抵两广、南洋，东至日本，开始在以贩运丝绸为主的海上丝绸之路上扮演重要角色。隋唐时期，福建港口迅速兴起，闻名于世，正如唐代诗人在描述福建港口中外交往盛况时所写：“云山百越路，市井十洲人。执玉来朝远，还珠入贡频。”宋元时期，福建海上丝绸之路进入鼎盛时期，福建泉州港以“梯航万国”的“东方第一大港”而著称于世。根据南宋赵汝适所撰《诸蕃志》记载，当时与福建有通商关系的国家和地区有58个。具体来看，东亚有高丽和日本，东南亚有占城、真腊、罗斛、三佛齐、阇婆、兰无里、渤泥、麻逸、三屿等，南亚有南毗、故临、注辇、鹏茄罗、细兰等，西亚有麻嘉、翁蛮、记施、白达等，非洲有勿斯里、遏根陀、默伽猎、层拔、弼琶罗、昆仑层期等，欧洲有斯加里野等。到了元代，据汪大渊《岛夷志略》记载，福建海外贸易除了原有的国家和地区外，又增加了东南亚、南亚、西亚地区中的10多个国家的30多个地方。明代，福建商人通过菲律宾马尼拉的大帆船贸易，从福建漳州月港等港口，将中国丝绸、瓷器等商品运送到万里之遥的美洲墨西哥。这条从福建经马尼拉到美洲的海上丝绸之路，使原有的海上丝绸之路骤然向东大大延伸。明清时期，西方殖民者东来，以郑成功等为首的福建海商集团和民众与之作坚决的斗争，发展海上贸易，使闽台的经济政治成为一体。鸦片战争后，西方殖民者入侵福建，但福建的海上丝绸之路仍在艰难中前行，并终于迎来了1949年中华人民共和国成立的新曙光。

福建海上丝绸之路从时间概念上看历史悠久，积淀丰厚，且持续性强，没有中断；从空间上看，具有世界性，将中国与东亚、东南亚、南亚、西亚、非洲、欧洲以及美洲联系在一起，形成一个世界性的网络，影响了世界，也反哺了中国，蕴育了福建拼搏、开拓、创新和团结的人文性格。

本丛书撰写要求尽量采用新资料、新观点，力求做到科学性和普及性的统一。本丛书不仅对海上丝绸之路研究具有重要学术价值，同时对福建海上丝绸之路的各项产业发展也有借鉴价值，具有一定的现实意义。

本丛书除总论《福建海上丝绸之路·史纲》外，福建沿海及内陆依行政区划分，设福州卷、泉州卷、漳州卷、厦门卷、莆田卷、宁德卷，福建内陆的龙岩、三明、南平三地合编为腹地卷；各卷前设“绪论”，后设“结语”，主体内容既有按历史发展时序作纵向论述，又有按专题分类作横向论述。

本丛书的撰写者为厦门大学、福建师范大学、闽南师范大学、龙岩学院、宁德师范学院、莆田市委党校及福建省文史研究馆、泉州海外交通史博物馆、莆田市社科联、福州市社科院等单位的学者及专业人士。

本丛书由福建省政协文化文史和学习委员会、福建省炎黄文化研究会共同主编。

丛书疏漏与不足之处在所难免，祈望读者不吝赐教。

福建省政协文化文史和学习委员会

福建省炎黄文化研究会

目　录

下　篇

绪　论

莆田与海上丝绸之路关系源远流长，在我国历史上在对外经济、文化、外交往来等方面发挥过独特的作用，涌现出一批杰出的人物，演绎出名扬千古的故事，并将在21世纪海上丝绸之路核心区建设中再立新功。

第一节　闽中重镇　古府新市

莆田位于中国东南沿海、福建沿海中部、台湾海峡西部，处在上海和广州、福州与厦门之间。陆域面积4200平方千米。西北依戴云山余脉，东南濒台湾海峡，三面靠山一面临海，半封闭式，极具特色。境内呈阶梯状，西北高、东南低，有山地、平原、沿海丘陵。中部有东西乡平原，海拔在50米左右，面积为352.7平方千米。还有兴化平原，俗称“南北洋”，海拔在5～8米之间，

面积为464平方千米。壶公山海拔710米，耸立中部，被誉为莆田“镇山”。木兰溪蜿蜒穿过两大平原，汇入兴化湾，通向大海，是莆田人的母亲河。萩芦溪和枫慈溪也是莆田两条重要溪流，也汇入兴化湾和湄洲湾。莆田海域面积11000平方千米。埭头、忠门、醴泉三大半岛和兴化湾、平海湾、湄洲湾三大海湾以及150多个岛屿围护着莆田腹地。“沉七洲，浮莆田”的古老传说，为这一地理沿革作了注释。

在行政区划上，自唐至今，莆田基本上是郡县两级制和两县划区版图。据考古资料载，莆田的历史可以上溯到新石器时期。汉代以降，中原移民融入当地原住民。唐代，人口剧增，莆田第三次立县，仙游也立县，在全国分别为上县和中县。北宋太平兴国五年（980年），置兴化军，辖莆田、仙游、兴化三县。南宋末又一度称兴安州。元代称兴化路，明清改为兴化府。民国时先后归厦门道、兴泉道、第四督察区管辖。中华人民共和国成立后，由晋江地区管辖。1983年撤销莆田地区设立莆田市。现辖四区、一县、两个管委会。

莆田市属亚热带海洋性季风气候，日照充足，季风明显；气温适中，常年平均气温20.7℃；雨量充沛，年平均降水量1552毫米。这样的气候适宜农作物和果树生长，因此莆田盛产水稻、甘蔗、水果、烟草等粮食和经济作物，自北宋起就被誉为“鱼米之乡”“甘蔗之乡”。

唐代，莆田先民开始围海造田，开辟水陆交通，与外界开展经济贸易活动。其间，引进荔枝栽培技术。宋代，莆田在经济与教育文化上进入繁荣阶段，体现在：一是大规模兴修水利；二是农业、手工业、商业迅速发展；三是形成一批以商业活动为主的集镇；四是交通要道，水陆并重，港口群形成。农业方面，东西乡平原和兴化平原最终形成，并引进占城稻。手工业方面，“天下盐皆烹煎，独莆盐用晒法”，莆田还是福建四大造船中心之一。同时，制陶、织布、焙制干果、制茶业也较发达。明代，莆田经济迅速恢复并发展起来，又引进番薯、烟草等作物，且制陶工艺、纺织技艺得到长足发展，产品行销东亚和东南亚。清代和民国时期，莆田经济发展缓慢，却大量对外移民。

莆田人文现象与中华传统文化联系紧密，又表现出其独特性。莆田传统教育发达，科举鼎盛，素有“文献名邦”“海滨邹鲁”之美称。早在唐代，莆田便开始形成官学、书院体系。宋代有军学、县学、书院、里学，教育体系更加完整。自唐以来，莆田产生了2482名进士、21名状元、17名宰相，被誉为“进士之乡”，内中不乏硕儒名臣、才子义烈。莆田文风昌盛，英才辈出，著述丰厚，宋代时还形成了夹漈学派、红泉学派、仰止学派、江湖诗派等。

繁荣的经济为海上丝绸之路发展提供了丰厚的物质条件，辈出的英才和发达的文化为海上丝绸之路沿线国家和地区的人文交流搭桥牵线，并且记录了莆田人开发海上丝绸之路的伟大历程。

第二节　莆田与海上丝绸之路

莆田与海上丝绸之路关系源远流长，曾是海上丝绸之路一个重要节点。

首先，港口资源丰富。莆田港湾环抱，有湄洲湾、兴化湾和平海湾三大海湾，沿海又有众多岛屿。全境海岸线长343.6千米，约占全省海岸线10.3%，境内特别是湄洲湾水深港阔，不冻不淤，口外岛屿拱卫，内有半岛及屿或岬角环抱，是一个“口小腹大”“中国不多，世界少有”的天然深水良港，可建万吨以上至30万吨码头泊位150多个。

莆田陆、溪、海三者兼备，交通运输条件良好。三大港湾与外部世界紧紧相连，海上交通特别便利，便于与国内沿海各地和海外国家和地区政治、经济、文化往来，也便于海上军事活动。

其次，经济文化繁荣。唐代，莆田、仙游经济文化崛起。到了宋代，兴化大规模开发，特别是两大平原，地势平坦，土地肥沃，溪渠交汇，是当时开发的重点区域。两宋兴化经济文化空前发展，达到鼎盛阶段，涌现出一批批海商，对外贸易活跃。明代，兴化经济文化发展进入第二次高峰期，虽一度遭到了倭寇严重摧残，但倭患平定后，很快便恢复和发展起来。

再次，造船业发展迅速。特别是宋代兴化，是全国重要的造船基地、福建四大造船中心之一。

最后，妈祖信仰与海上丝绸之路关系密切。妈祖是航海者的保护神，是他们战胜惊涛骇浪、克服重重困难的精神力量。海上丝绸之路既是海洋贸易之路，也是文化交流之路，千百年来，妈祖信仰在传播中，遗留、传承下来了丰富的物质和精神财富。

回顾莆田历史，经济发展、对外贸易状况与港口开发有着千丝万缕的关系。南朝陈时，莆田开辟了蒲口港。自唐代起，北方

人口大量迁入，莆田开发与发展加快，初步开辟、形成了港口群，白湖港、迎仙港、黄螺港、青螺港成为对外贸易口岸。

宋代，兴化经济、文化、对外贸易空前发展，达到鼎盛阶段。当时，不但港口群基本形成，而且官营和私营造船都很发达，通过白湖港、宁海港、涵江港、江口港、贤良港、秀屿港、太平港与外界发生紧密的联系。

元代至民国时期，兴化经济文化和对外贸易在严重挫折中恢复发展，港口群建设也忽起忽落。

明代近300年，兴化经济文化发展与海上丝绸之路建设，既辉煌，又历经劫难。倭寇18次进犯兴化，抢掠烧杀，占领兴化府城、平海卫城，围困仙游县城，洗劫莆田和仙游城乡。繁荣的莆田成为一片废墟。戚继光等率军平定倭患，兴化经济文化逐步恢复，重新发展、繁荣起来。涵江港、贤良港、秀屿港、吉了港、太平港又获新生，与外界恢复经济文化联系。

清代初期，清廷实行迁界政策，又施行海禁，兴化地区特别是莆仙经济文化遭到了严重破坏，精华荟萃的府城和沿海地区成为一片废墟，航运和对外贸易中断。民国时期，福厦公路修成，三江口港崛起并成为闽中最大的港口。晚清以后，莆仙大量向外移民，对外宗教文化交流频仍。

明清时期，兴化商帮为福建三大商帮之一，有“无兴不成镇”之誉。他们活跃于海上丝绸之路沿线国家和地区。

莆田海上丝绸之路史迹也极丰富。现存的与航海有关的文物古迹、文献典籍非常丰富，不少还是重点文物保护单位。它们是莆田古今海上丝绸之路辉煌的历史见证，是古今杰出的莆田人在

海上丝绸之路上拼搏、奉献精神的展示。

目前，被钱伟长誉为“中国不多，世界少有”的湄洲湾港，正在大规模开发中，港城建设也在热火朝天地进行中，发展势头良好！莆田将为中央赋予的福建“一带一路”核心区建设发挥更大的、独特的作用。

上篇

第一章

唐代莆田海洋经济发展与海上贸易兴起

莆田历史悠久，源远流长，早在新石器时期就有人类活动的痕迹。商周时期，境内已出现陶器、铜器等器具。春秋战国时，莆田先民已经步入农耕社会。但秦之前，莆田地处偏僻，人烟稀少，没有任何史料记载。从汉代起，莆田先民筚路蓝缕、披荆斩棘，推动着农耕文明发展。魏晋两朝，中原汉民南迁，带来先进生产工具和农业生产技术，推动了莆田地区经济社会发展。隋唐时期，随着农业、手工业、商业经济的发展，对外贸易扩大，海上丝绸之路开辟。

第一节　唐代莆田农业开发与海洋经济发展

隋唐之前，莆田地旷人稀，交通不便，“古称荒地，居民所属闽七种之人，寥寥无几”，没能引起统治者的重视。[①] 境内畲民居

① 《莆田乡土地理》卷上《第三课·居民之始》，美兴印书局1921年版，第1页。

住在深山老林，地处“溪谷之间，篁竹之中”，“数百千里，夹以深林丛竹，水道上下击石，林中多蝮蛇猛兽。夏月暑时，呕泄霍乱之病相随属也”，穷山恶水，“非有城郭邑里”。[①] 一些沿海渔民住在海蚀洞中，采用鱼筌、弓箭、棍棒等捕鱼，“百或得一矣”。进入隋唐后，中原汉民大量南迁，带来了先进的生产工具和儒家文化，促进了莆田农耕文明的发展，境内农产品日渐多样化，商业经济不断发展，海上贸易崛起。

一、农业经济发展

唐初，朝廷实施“轻徭薄赋、劝课农桑”的惠农政策，有效地调动了广大农民的积极性，闽中各地“草莱尽辟”“千里无旷土”。特别是王审知主政闽国期间，实施更加开明的农耕措施和商业政策，莆仙两县的海洋经济出现了快速发展态势。

（一）围海造田

莆田地处东南沿海，背山面海，滩涂广阔，具有围海造田的天然条件。东晋时，境内百姓就开始围海造田，利用滩涂种植耐碱植物。唐代，朝廷实行休养生息政策，鼓励农耕，境内掀起一股围海造田热潮。如唐建中（780—783）年间，邑人吴兴组织百姓围海造田，围垦盐碱地数千亩。唐元和（806—820）年间，福建观察使裴次元组织民众在“黄石筑堰潴水，围海造田三百三十二顷，岁收数万斛，并在东南角遮浪海边筑堤遏潮”[②]。同时，地方官府还组织民众在木兰溪两岸挖掘了众多蓄水塘，修筑了一批沟、渠、陂、堤等水利设施，将木兰溪溢水储存于蓄水塘之中，

① 《汉书》卷六十四《严助列传》。

② （乾隆）《莆田县志》卷二。

用于改造盐碱地和灌溉农田。据史书载，木兰溪两岸共修筑了11个大型蓄水塘，南洋有陈塘、许塘、新塘、唐坑塘、国清塘，北洋也有横塘、颉洋塘、白水塘、屯前塘、东塘、太和塘等，大塘灌溉农田五千亩，小塘也能灌溉几百亩，为沿海的盐碱地改造和农田灌溉提供了有利条件。

到了五代十国时，莆田沿海围垦滩涂已达十几万亩，初步形成了福建四大平原之一——南北洋平原。据载："莆阳方圆二百里，郡居其中。南北田数万亩，其平如掌。郡西数万亩，郡西南古有溪水，溯源自仙游、永春、德化，入于海。田在南北，谓之南北洋。"[①] 大规模围垦造田，既扩大了莆田沿海的耕地面积，又促进了地方商业经济的兴起，使穷乡僻壤的滨海一隅发展成为闽中的"望县"，也为海上贸易的兴起奠定了物质基础。

（二）交通条件改善

唐代，朝廷和地方官府重视交通设施建设，诏令"凡三十里一驿"，在通途大道旁设立驿馆。莆田设迎仙（江口）待宾馆，仙游设枫亭驿馆，古驿道从福州南下经福唐（清）蒜岭山进入莆田郡城，经枫亭，通往泉州、漳州等地。待宾馆毗邻的涵头（今涵江），唐初"仅为一处排泄河水入海的水涵之首，俗称'涵头'。其地不过泊数艘海船、河舟而已，岸上有数十家商铺、居民，'日中为市始列肆'，经营农副产品、手工艺品的小买卖"。[②] 古驿道上客商络绎不绝，枫亭驿馆周边也逐渐发展成为商业集镇，并为太平港的兴起奠定了基础。

唐初，莆田城南港口是莆田境内最大的码头，商船从兴化湾驶入，直达郡城南门边。唐中期，南北洋开发之后，航道出现了

---

① （元）柯举：《新港斗门记》，载《莆田市历代水利功臣录》，2013年版，第63页。

② 《千年涵江》编委会：《千年涵江》，方志出版社2005年版，第81页。

变迁，莆田港渐废，外来商船大多停靠在城东2.5千米处的白湖港（今阔口），并逐渐形成了白湖水市。唐末，镇海堤修筑之后，“海舶多由海堤陂门靠岸”，黄石逐渐发展成为对外贸易的商业集市。

二、农产品生产与贸易

莆田境内属于亚热带海洋性季风气候，温差较小，雨水充沛，适宜经济作物生长。境内除了种植水稻、小麦等主粮外，还大量栽培荔枝、龙眼、茶叶、甘蔗等经济作物。

（一）荔枝生产与贸易

莆田境内气候温和，海拔不高，适宜荔枝果树生长。唐中后期，境内百姓采用烈日曝晒制作荔枝干，但受气候条件限制，干果成品率不高。唐后期，又发明了荔枝蜜饯，即把荔枝肉剥下来后用蜂蜜、蔗糖浸泡，做成蜜饯。唐末，海上贸易崛起，莆田荔枝干和荔枝蜜饯成为易货贸易的主要物资，通过海上丝绸之路销往高丽、东瀛等国。

莆田荔枝林

（二）龙眼生产与贸易

莆田龙眼果树种植可追溯至汉代。龙眼成熟于每年八月，八月称“桂”，故又有“桂圆”之称。莆田龙眼果实皮薄肉甜，营养丰富，药用功效良好，素有“南桂圆北人参”之说。唐代，境内开始大面积种植龙眼，特别是莆仙交界处的华亭、盖尾、郊尾一带，气候温和、空气湿润，龙眼质优价廉、味鲜肉甜，深受人们欢迎。唐初，境内百姓模仿荔枝干和蜜饯的制法，制作桂圆干和龙眼蜜饯。唐末，境内百姓发明了烘焙桂圆干的技术。烘焙技术的发明，不但为莆仙两县大面积种植荔枝、龙眼等水果开辟了广阔前景，也为海上贸易发展奠定了物质基础。由于桂圆干性温、滋补，比较适合北方寒冷地区，大多销往我国北方各省和东瀛、高丽、琉球等东亚国家，并通过内陆水运销往中亚地区。

（三）茶叶生产与贸易

莆田境内茶叶种植历史悠久。据载：“茶叶始植于隋代。唐代孝仁里郑宅（今赖店圣泉）、凤山九座山区已有成片种植。”① 莆田“郡城外郑氏宅，有茶二株，香美甲天下，虽武夷岩茶不及也。所产无几”②。唐代，境内开始大规模种植茶叶，“古今八闽所有方志、山经、茶史、茶经、茶录等史乘文献，凡有涉笔莆阳茶史者，皆有‘龟洋山产茶为莆之最’之说”。③ 据载：“唐时，僧无了在龟山开辟茶园……《兴化府志》载，‘莆诸山产茶，龟山第一，柯山第二。’”④ 龟山寺僧开发茶园 18 处，“辟茶园千余亩”，龟山因此成为闽中的产茶基地，也是闽省主要贡茶产地。

① 仙游县地方志编纂委员会：《仙游县志》，方志出版社 1995 年版，第 179 页。
② 林国梁：《福建兴化文献》，台北市莆仙同乡会 1978 年版，第 383 页。
③ 莆田市地方志编纂委员会：《莆田市志》，方志出版社 2001 年版，第 1039 页。
④ 莆田县地方志编纂委员会：《莆田县志》，中华书局 1995 年版，第 183 页。

（四）蔗糖生产与贸易

莆田境内甘蔗种植历史悠久，可以追溯到汉代。据传早期的蔗品种植是由新几内亚和印度等国传入。唐代，莆田通过海上丝绸之路又引进了高产多糖的东亚甘蔗，境内甘蔗种植面积迅速扩大，蔗糖产量大幅提高。据《莆田市外经贸志》载，唐时“海外（中亚、西亚地区）甘蔗种植技术由泉州传入莆田、仙游”。[①] 唐末，泉州引进了印度摩揭陀制糖工艺，仙游商人到泉州学习外国制糖技术后在家乡推广，促进了境内制糖业的发展。据《仙游县志》载，“仙游于唐代已产冰糖。宋《闽中记》载：‘获蔗节疏而细短，可为稀糖，即冰糖也。’”宋乾道（1165—1173）年间，冰糖销往国内外，成为海上丝绸之路易货交换的重要农产品。[②]

三、手工业品生产与贸易

莆田境内手工业发展历史悠久，早在新石器时期，莆田先民们就开始制作石质、木质生产工具。夏商周时，境内出现了日用陶和纺织品生活用品等。汉末，境内出现了冶炼技术，开始生产铁质农具。进入唐代后，莆田开始大规模地开发农业，促进了境内手工业的兴起，“传统行业有制盐、打铁、织布、制糖、酿酒、造纸、刺绣、烧瓦、竹木器制作等”。[③]

（一）陶瓷生产与贸易

唐代，随着海上贸易的兴起，境内手工业技术进一步改进，

① 莆田市对外经济贸易委员会：《莆田市外经贸志》，方志出版社 1995 年版，第 237 页。

② 仙游县地方志编纂委员会：《仙游县志》，方志出版社 1995 年版，第 294 页。

③ 莆田县地方志编纂委员会：《莆田县志》，中华书局 1995 年版，第 156 页。

手工业品产量提高，陶瓷制品日渐多样化，主要有盘、碗、碟、壶、杯等日用陶，颜色有青灰色、青黄色、青绿色和苍青色等，陶器表面光亮平整，有网纹、格纹和花、草、鸟、兽、鱼图案等。特别是仙游西乡生产的四耳青瓷器、青陶执壶等，工艺精湛，美观实用。唐末，瓷器已经成为莆田海上易货交换的主要物资，不但在境内销售，而且远销东亚和东南亚地区。

（二）纺织品生产与贸易

莆田境内“纺织业始于新石器时期。据榜头观音山及坝下等地出土文物证实，在3000多年前，县内先民已采用陶纺轮纺纱”。[①] 南日镇乱石山遗址也采集到商周时期陶纺轮文物。魏晋时，境内纺织技术有了较大进步，百姓以葛、苎等植物为原料，剥皮抽丝，制成纱线，纺织成布。南北朝时，朝廷规定每年“丁男调布、绢各二丈，丝三两，绵八两，禄绢八尺，禄绵三两二分，租米五石，禄米二石。丁女减半”，硬性的税赋规定推动了地方纺织业的发展。[②] 进入唐代后，随着纺纱技术的不断提高与纺织工艺的逐渐改进，纺织品数量迅速增长，出现了两种纱线混合的布料，即以棉为经、以苎为纬，或以麻为经、以棉为纬织成的葛布，具有柔软、透气、吸汗、耐用等特点，成为莆仙特色产品。唐中期，境内成功地移植了北方木棉，采用棉纱编织的帐幔布，轻薄透气，经久耐用，可制作衣服、鞋袜等。唐末，境内纺织技术有了较大的革新，出现了木质纺纱车，劳动生产率迅速提高，纺织品种类开始增多，并成为境内易货交换的主要媒介。据史书载：“下里人家女妇，治此甚勤，每四五日织成一布，丈夫持至仙游，

① 仙游县地方志编纂委员会：《仙游县志》，方志出版社1995年版，第297页。
② 《隋书》卷二十四《食货志》。

易谷一石。”[1] 这说明纺织品已成为一种商品媒介。五代十国时，境内纺织品主要有麻布、葛布、苎布和棉布，以及绸布和丝帛等多种纺织品，除了在本地销售外，还通过海上丝绸之路远销东亚和东南亚地区。

第二节 唐代莆田港口经济兴起与海上贸易发展

一、港口经济兴起

莆田位于我国东南沿海，枕山面海，码头众多，港口优势突出。魏晋时，“海潮直至南山（今凤凰山）之下，波光山色，互相动荡”，莆田郡城就处于海边。[2] 宋代史学家郑樵曾有诗曰：“一泓澄澈照人间，明月团团落古湾。”“唐代，南海蕃船入境通商。唐大和八年（834 年）奉谕任由蕃客入境，自为贸易”，“南北洋海堤修筑之后，莆仙沿海港口就成为过往贡舶的重要停靠口岸”。[3] “内澳蒲口及江口、枫亭为海外通商货物、商客的集散地”，这种天然的地理优势为海上贸易创造了条件。[4]

① （明）周瑛、黄仲昭：《兴化府志》，福建人民出版社 2007 年版，第 335 页。

② （明）周瑛、黄仲昭：《兴化府志》，福建人民出版社 2007 年版，第 444 页。

③ 莆田市地方志编纂委员会：《莆田市志》，方志出版社 2001 年版，第 1680 页。

④ 莆田市对外经济贸易委员会：《莆田市外经贸志》，方志出版社 1995 年版，第 9 页。

至唐代，莆仙两县开辟了蒲口港、白湖港、涵头港、迎仙港、黄螺港、小屿港、青螺港，港口经济兴起，推动了对外经济文化交流。

二、海上贸易发展

莆田对外贸易起源于隋代，发展于唐末和五代十国。唐初，朝廷实行朝贡制度，凡贡道、贡船和贡货均由官方统一管理。海外各国贡使将奇珍异宝海运到东南沿海，在朝廷指定的港口办理手续。据史书载，唐初“过境的贡船多停泊莆口、枫亭、涵江、江口，互市销售”。

唐贞观（627—649）年间，对外贸易日渐扩大，莆田港口蕃客渐多，陆续有外国商人在境内收购农产品和手工业品，如荔枝干、龙眼干、蔗糖、陶瓷、铁器、纺织品等，双方采取易货方式交易。据史书载：“唐初，城厢开始对外经济贸易，境内的蒲口港（今城厢一带）已是当时莆田最大的海港。”“由商户或蕃舶直接采购货物，互市经销。……多以易货贸易为主。”

唐大和八年（834 年），唐文宗诏令，“南海蕃舶，本以慕化而来，固在接以恩仁，使其感悦”，要求“岭南、福建及扬州蕃客，宜委节度观察使常加存问。除舶脚、收市、进奉外，任其来往通流，自为交易，不得重加率税”。东南亚各国的“蕃船、蕃货按律缴纳舶脚、收市、进奉，任其来往通流，自为交易。境内以江口待宾馆、枫亭驿招待贡使、蕃客及海商贾”，海上贸易兴起。

唐中期，莆田对外经济交流日渐扩大，“莆仙沿海成为过往贡舶蕃客的重要停靠口岸。当时江口、莆口、端明（今涵江）、枫亭已成为易货互市的繁华集镇，设有待宾馆和枫亭驿，招待官差、蕃客。大型船舶曾直驶进莆口（今城厢区南门、筱塘一带）”。[①]

唐开成（836—840）年间，朝廷逐渐放宽海上贸易限制，欢迎海外商人自由入境经商，外来“蕃货除收取碇税（舶脚）和选卖给宫廷所需外，任其于集市往来通流”，允许“由商户或蕃客直接采购货物，互市经销。（莆仙境内）主要交易集市有莆口（今城厢）、江口、端明（今涵江）、枫亭及沿海岛屿，多以易货贸易为主”，海上贸易逐渐繁荣，莆田港口出现了“击毂摩肩”的场面。

唐代宽松的外贸政策，既促进了莆田海上贸易的兴起，又加速了莆田商业经济的发展，同时也促进了莆田海商队伍的形成。据史书载，唐末莆田商人开始移居海外，如莆田九牧林蕴公后裔林八及就迁徙新罗（今韩国）谋生。

五代十国时期，莆仙两县沿海港口条件有了较大改善，江口、白湖、涵头、宁海等码头吞吐量日渐扩大，港口经济日渐繁荣。据《福建商业志》载，唐代“福建的福兴漳泉四大平原得到开发，商业逐渐发展。隋开运河之后，唐设馆驿，辟险阻，内地与福建的交通与货运日趋便捷。中唐理财家刘宴称：‘且如天下诸津，舟航所聚，旁通巴汉，前指闽越……弘舸巨舰，千轴万艘，交贸往来，昧旦永日……’”。

王审知主政期间，广纳人才，包括徐寅、黄滔、翁承赞等莆籍士人均在其麾下任职，他还实施“称臣中原、交好邻国、提倡节俭、减轻赋役、奖励通商和保境息民”的立国方针，采取“尽去繁苛、纵其交易、关畿廛市、匪绝往来”的轻徭薄赋政策和“招来蛮夷商贾”、开港兴市的对外开放战略，福建沿海对外贸易

① 吴怀祺：《郑樵文集》，书目文献出版社 1992 年版。

规模进一步扩大。据史书载，闽王委任张睦“领榷货物，睦抢攘之际，雍容下士，招来蛮夷商贾，敛不加暴，而国用日以富饶”。特别是王延彬（王审知侄儿）任泉州刺史期间，“前后二十六年，岁屡丰登。复多蛮舶，以资公用，惊涛狂飚，无有失坏，郡人借之为利，号招宝侍郎”。

南唐统治闽中时，漳泉节度使留从效、陈洪进先后割据闽中南地区，秉承闽国的海上贸易政策，“开通衢，构云屋（货栈），……岁丰，听买卖，平市价。陶器、铜、铁泛于蕃国，收金贝而还，民甚称便”。莆田的江口、白湖、涵头等港口，对外贸易空前繁荣。[①]

三、进出口商品

唐代，莆仙两县通商通航的国家和地区不多，主要有东亚各国和东南亚部分岛国，进出口商品种类比较简单。唐初，莆田通航的国家北至新罗，南达南洋诸岛及印度、三佛齐和阿拉伯地区等，经常有使者、商旅往来，舶来品如象牙、犀角、珍珠、香药、玳瑁、龙脑、白氎、红氎、沉香、肉豆蔻等，行销京都各地。

唐贞观（627—649）年间，莆田出口商品以陶瓷、丝绸、帛、葛布、棉布、铜、铁等手工业品为多。莆商与蕃客的易货买卖，通常以“陶器、铜、铁，泛于蕃国，取金贝而还”[②]。“唐大和八年（834年），奉谕任由蕃客入境通商，时进口商品有珍珠、象

---

① 福建省地方志编纂委员会：《福建省志·商业志》，中国社会科学出版社1999年版，第2页。

② 莆田市地方志编纂委员会：《莆田市志》，方志出版社2001年版，第1689页。

牙、甘蔗和贡物奇货。”[①]

中唐时期，随着海上贸易规模的不断扩大，进口商品以奢侈品居多，主要有药材、象牙、犀角、玳瑁、珊瑚、琉璃、翡翠等奇珍异物。据史书载，“宋平江南，（陈）洪进以泉、漳等州观察史，遣入贡乳香万斤、象牙三千斤、龙脑香五斤”，纳表归宋。[②] 这些乳香、象牙、龙脑等奇珍异物，均为东南亚各国的商品。

唐代，莆田输出之物，以蔗糖、荔枝干、桂圆干、茶叶、食盐等农产品和丝绸、瓷器、铁器、白银等手工业品为主。

四、贸易航线

唐代，莆田海上航线可分为国内航线和海外航线。国内航线可分为南航线、北航线和东航线。南航线，即莆仙沿海至泉州、漳州、广州等地；北航线，即莆仙港口至温州、宁波、华亭（上海）、江都（今扬州）、山东和天津等沿海港口；东航线，主要前往澎湖列岛和台湾等地。海外航线有两条：一条是前往日本、新罗和琉球群岛等东亚地区的海上航线；另一条则是前往暹罗（泰国）、占城（越南中部）、安南（越南）、印度、三佛齐等南海航线。

闽国时，莆田造船业发达，商船越造越大，航线越走越远。据史书载，“闽国権货务张睦，体恤商艰，招徕海舶。‘利涉益远’，北至新罗，南达南洋诸岛及印度、三佛齐和阿拉伯等国，都经常有使者、商旅往来”，莆田境内形成了一支专门漂洋过海的海

---

① 涵江区地方志编纂委员会：《涵江区志》，方志出版社 1995 年版，第 245 页。

② 朱维幹：《莆田县简志》，方志出版社 2005 年版，第 266 页。

商队伍。[①] 莆籍诗人黄滔的《贾商》诗写道："大舟有深利，沧海无浅波。利深波也深，君意竟如何。鲸鲵齿上路，何如少经过。"这反映了广大海商不畏艰险、追波逐利、常年在波涛汹涌的大海中航行的情形。

第三节　唐代莆田的海神信仰传播

莆田境内宗教文化起源于夏商周时期，早期的宗教形式为民间信仰，如图腾崇拜、尊崇蛇（龙）、敬畏天地、巫祝和鬼神等。唐代，莆仙两县先后创建了寺院庵堂500多座，有"清源佛国"之称，出现了"山路逢人半是僧"的盛况。境内"佛事昌盛，寺庵林立，佛坛轶事萃众"。[②] 特别是五代十国时期，朝廷尊崇道教，境内道巫盛行，出现了丰富多彩的民间信仰。唐末，海上贸易兴起，海神柳冕、海神光济王等民间信仰，逐渐演变成为航海者的精神寄托，伴随着海商足迹流传到海丝沿线国家和地区。

一、柳冕海神

柳冕（约730—804），字敬叔，蒲州河东（今山西永济）人，唐代文学家。唐贞元（785—805）年间，柳冕任福建观察使，据《八闽通志》载："冕贞元间观察福建，巡管之内，福唐、莆田、

① 福建省地方志编纂委员会：《福建省志·商业志》，中国社会科学出版社1999年版，第2页。

② 仙游县地方志编纂委员会：《仙游县志》，方志出版社1995年版，第1039页。

仙游皆置马监领牧，悉以‘万安’为名，而秀屿其一也。秀屿亦名猴屿，近屿诸村有马坑、马厂，即旧监牧之遗迹。故老相传，柳氏兄弟尝职马政，没而神灵，故莆人立庙于此。”柳冕也被后人尊为“马神”。[①]

唐代，莆田沿海共创建了 3 座奉祀柳冕的神庙：一是醴泉里的灵感庙；二是营边的昌骏庙；三是马厂（牧区）的昌骥庙。当地渔民和商人出海之前，经常会到庙里烧香祭祀，请求柳冕保佑海上航行安全，“凡有所求必祷之，舟行者尤恃以为命，或风涛骤起，仓皇叫号，神灵为之变现，光如孤星，则获安济”。久而久之，柳冕便演变成为耕海者的保护神，俗称“海神”。[②]

《唐会要》《册府元龟》等历史文献，以及《八闽通志》《兴化府志》《兴化府莆田县志》《金门志》等史书，均有记载柳冕海神的故事。至明代时，柳冕海神信仰可与妈祖信仰比肩而立，但进入清代后，朝廷推崇妈祖信仰，同为海神的柳冕逐渐被人们所冷落。

二、光济王信仰

光济王，原名罗隐（833—909），姓罗，名横，字昭谏，号江东生，浙江余杭新城人，唐代文学家。罗隐少年时刻苦学习，但十举进士而不中。唐光启三年（887 年），55 岁的罗隐方入镇海军节度使钱镠幕，天祐三年（906 年）充节度判官。后梁开平二年（908 年）授给事中，世称罗给事。罗隐游踪甚广，先后到达江西、四川、江苏、浙江等地访友揽胜，后应莆籍文学家黄滔之邀

① （明）黄仲昭：《八闽通志》之《人物志》卷六十二。

② 郑文通：《探寻涉台文物柳冕庙遗址》，《莆田侨乡时报》，2011 年 10 月 16 日。

南下莆田，并在大蚶山北面寺庙中题诗留迹，后人“凿石而立有罗隐庙”，以示留念。

据《兴化府莆田县志》载：“光济王庙，在奉国里大蚶山之南，去崎头二里许。”《泉南录》亦载：“昔尝海溢（海啸），有物如瓦屋，乘潮而来崎头。故老云：宋初（应为闽国初），海中漂数百根大木，尽刻‘罗’字，乡民获之，斧砍‘罗’字，愈砍愈现，相顾惊异。数日，见一人峨冠黄袍，屹立山下，呼众告之曰：‘我罗仙子也，卜居此地。’言毕不见。于是众为建庙，商舟往来必祷焉。晋开运二年（945 年）建，南唐始封光济王。”① 庙宇盖好后，非常灵验，有求必应。尤其是渔民出海捕鱼和海商出海经商之前，只要入庙祷告，便平安无事、生意兴隆。久而久之，光济王便发展成为莆田沿海颇具影响力的海神。

闽国元德三年（945 年），南唐趁闽国发生内乱，出兵灭闽。为了巩固南唐对闽中的统治，元宗皇帝李璟册封罗隐为“光济王”，因此罗隐成为第一个被朝廷正式册封的莆田海神。唐代和五代十国时，福建沿海对外贸易蓬勃发展，海上航行多有不测，海商们希望得到海神保佑，出海之前都要到罗庙祭拜，故光济王信仰在福清、莆田、仙游、惠安等沿海地区广泛流行。

---

① （清）廖必琦：《兴化府莆田县志》，方志出版社 2018 年版，第 191 页。

第二章

宋代兴化海洋经济发展与海上贸易崛起

隋唐之前，莆仙两县经济落后，交通不便，“地僻而物货悭，商旅罕至”。进入宋代后，随着土地制度改革和商业赋税政策调整，加上境内大规模的水利设施建设和围海造田活动，兴化海洋经济出现快速发展态势。至南宋时，兴化军“水陆之产足于他邦，五谷之种随所宜树，六牲之物随所宜畜”，农村经济快速发展，农产品日益增多，商业发展，“税赋多于他邦”，经济社会蓬勃发展。①

第一节 宋代兴化农业经济发展与造船业兴起

宋立国后，大刀阔斧进行土地政策、商业政策和赋税政策改革。一方面，废除唐代的“授田制”，实施“田制不立”“不抑兼

① （宋）黄岩孙：《仙溪志》，福建人民出版社1989年版，第15页。

并”的土地制度，承认并保护土地私有，允许土地自由流转，有效地调动了广大农民的劳动积极性。另一方面，朝廷先后颁布《均输法》《青苗法》《免役法》《方田均税法》等律法，把居民分为“主户”与“客户”两种，纳税对象只看家庭财产，不看身份，从而有效地遏制了贫富差距，起到了稳定社会的积极作用。其中最具历史意义的是宋熙宁八年（1075 年）颁布的《农田水利法》，鼓励地方官府和广大民众兴修水利和围海造田，促进了农村经济的快速发展。

一、农业经济发展

宋代，兴化境内各种水利设施利用溪流水位落差原理实现自流灌溉，既节约了大量劳动力，又改善了大片盐碱地。原来不能耕种的滩涂海地逐渐被改造成为良田，一些地势较高的旱地也变成可以种植水稻的水田。同时，兴化百姓从海上丝绸之路引进了高产农作物新品种，如仙游县于“宋大中祥符元年（1008 年）引进占城稻”，水稻亩产量迅速提高。

特别是境内几大水陂建成后，南北洋几个大蓄水塘均被改造为农田，既扩大了耕地面积，又解决了水利设施的建设资金问题。如太平陂建成之后，莆田北洋的太和塘、屯前塘、东塘、胜寿塘、西冲塘等遂改造为农田，扩大耕地达 300 多亩。而木兰陂修筑之后，原南洋六大塘，遂废五塘为田，“垦田二百余顷。以八百石赡陂，设陂司掌其出纳，署李金紫户输田粮，唯留国清一塘助陂，以备大旱”。[1] 仅此一项，就增加农田 200 多顷，“岁得谷二千五

① （明）周瑛、黄仲昭：《兴化府志》，福建人民出版社 2007 年版，第 771 页。

木兰陂

百五十五石有奇”。[①] 这不但有效地缓解了莆田人多地少的矛盾，而且使穷乡僻壤的兴化军迅速发展成为鱼米之乡、富庶之邦。宋代莆籍诗人岳正有诗云：“不是满篓禾稻熟，敢因佳节出城游？”表达了诗人对于家乡富庶的喜悦心情。

二、造船业兴起

北宋初，兴化就有不少农民从农业中游离出来，从事水上运输，促进了兴化造船业和修船业的发展。北宋末，随着海上对外贸易的蓬勃发展，兴化造船、修船业日渐发达，沿海港口、内河渡口和溪流两岸航运发达之处，均有造船或修船作坊。

南宋时，兴化境内已经形成一个颇具规模的造船行业，为福建四大造船中心之一，既能建造生产生活常用的渔船、溪船、沟

① 乾隆版《莆田县志》卷二。

船和农用小舸，也能建造船面宽达八丈以上的远洋大船（商船），甚至还可以建造大型漕船和军用战船，可悬挂 3 面至 13 面风帆，载重量达 100 吨以上。据史书载，福州“木材商将圆木沿溪放至洪塘、南台、宁波等处发卖。外载杉木，内装丝绵，驾海出洋。每（租）赁兴化大海船一只，价至八十余两，其取利不赀”。[①] 即福州、福唐（福清）等地商人，经常到兴化租赁大船，从事长途贩运，每艘大船租金达 80 余两白银。

“建炎三年（1129 年），高宗次明州，召集海舟甚急。先是，仲春遣监察御史莆田林之平往福建募舟千只……建炎三年，车驾南渡。议者招募海舟为不虞之备，复招之平为福建广南路招募使。之平历闽、广，募六百余艘，由温、台赴行在。”[②] 林之平系莆田人，当时在家乡征募了不少船只。可见，宋代兴化境内已能够制造军用战船。

第二节　宋代对外贸易政策转变与兴化对外交流扩大

一、宋代对外贸易政策转变

宋廷鼓励民间海上贸易，实行“招诱奖进”政策。“招诱”，即欢迎蕃客来宋互市；“奖进”，即对为海上贸易作出突出贡献的

① 朱维幹：《莆田县简志》，方志出版社 2005 年版，第 276 页。
② 朱维幹：《莆田县简志》，方志出版社 2005 年版，第 261 页。

商人封官晋爵。同时，朝廷实行“禁榷”“博买”“抽分”“抽解”等外贸政策。“禁榷”，即对部分进口商品实行专卖制度；“博买”，即市舶司对部分舶来品进行收购，诸如玳瑁、象牙、犀角、宾铁、皮、珊瑚、玛瑙、乳香、紫矿、鍮石（黄铜）等奢侈品均属于博买商品；“抽分”，是对国内外商贾征收实物商税，通常是十抽其一或其二；“抽解”，是对无法抽分的货物实行折价征税，但官方“抽解”时往往压低商品价格，又以滞销之商品与之对抵，且“不支给金银、匹段”。① 由于市舶司的多道盘剥，海商利润微薄，出现了“大商航海蹈万死，远物输官被八垠”的现象。②

神宗皇帝执政后，鉴于国库空虚，颁发了“政事之先，理财为急”的诏令，委派朝廷政要薛向出任福建转运使，诏令“东南利国之大，舶商亦居其一焉……卿宜创法讲求，不唯岁获厚利，兼使外蕃辐辏中国，亦壮观一事也”。③ 此后，东南沿海对外贸易逐渐发展，兴化沿海各港口出现了“濒江多海物，比屋尽间人”的繁荣景象。④

宋熙宁七年（1074 年），随着海上贸易规模的日渐扩大，泉州、兴化等沿海商贾，积极筹资造船，置货出洋贸易，“福建一路，多以海商为业”。⑤ 据史书载，东南海道“巨商大贾，摩肩接足，相刃于道”。⑥ 朝廷为了鼓励海上贸易，逐渐放松进出口商品报批手续，规定：“诸泉、福缘海州有南蕃、海南物货船到，并取

---

① 《宋会要辑稿》官职三十六之一、二。

② （宋）王十朋：《梅溪后集》卷十七《提举延福祈风道中有作次韵》。

③ （宋）杨仲良：《续修四库全书·皇宋通鉴长编纪事本末》，上海古籍出版社 2002 年版。

④ （宋）刘克庄：《后村先生大全集》卷十二《城南》。

⑤ 廖大珂：《福建海外交通史》，福建人民出版社 2002 年版，第 63 页。

⑥ （明）何乔远：《闽书》卷五十五《文莅志》，福建人民出版社 1994 年版，第 1489 页。

公据验认，如已经抽买，有税务给到回引，即许通行。若无照证及买得未经抽买物货，即押赴随近市舶司勘验施行。诸客人买到抽解下物货，并于市舶司请公凭引目，许往外州货卖。如不出引目，许人告，依偷税法。”① 即前来福州、泉州、兴化沿海的外国商船，经广州、明州（宁波）和杭州市舶司抽解、博买之后，持有公凭者可以放行，未经抽解或无公凭者押送附近市舶司抽解、博买后放行，并鼓励百姓检举“漏舶”商人。

宋元祐二年（1087 年），朝廷“诏泉州增置市舶”，并逐渐放宽部分进口商品“禁榷”，海上贸易逐渐活跃。据史书载：“宋元祐二年成立福建市舶司（亦称泉州市舶司）后，照朝廷颁定《市舶条例》，境内设‘路官衙’，其主要职能：颁发出海航船‘公凭’……奉令查验，办理进口货物的抽解。市舶司押运抽解货物赴京师时……各地负责其过境安全。”② 兴化军“路官衙”是管理对外贸易的行政机构，简化了海上贸易手续，对外经济交流迅速扩大。

南宋初，朝廷继续放开禁榷商品种类，进口货物一般不加限制，来者不拒，多多益善。同时，朝廷逐渐取消出口货物限制，除了禁止铜钱出口外，其他产品均可出口。随着海上贸易政策的转变，兴化沿海对外经济交流迅速扩大，白湖、太平、涵江、吉了、贤良、小屿等港口经济逐渐繁荣。

二、对外贸易方式

宋代，从事海上贸易的商人称“舶商”，在朝廷户籍中特列一

---

① 《宋会要辑稿》官职四十四之三〇至三一，第 3378—3379 页。

② 莆田市对外经济贸易委员会：《莆田市外经贸志》，方志出版社 1995 年版，第 107 页。

类，即“舶主”。由于海上交通工具投资巨大，进出口商品所需资金多，只有豪绅、大姓、巨商、富贾和官僚贵族才有可能购置商船，从事海上贸易，故“海舶之利，颛于富家大姓”，“贩海之商，无非豪富之民”。[①] 宋代海上贸易方式比唐代更多样化，既有朝贡贸易，又有市舶司操持的官方贸易；既有民间私人对外贸易，也有海上走私贸易。

（一）朝贡贸易

北宋初，朝廷沿袭唐代的朝贡制度。外国贡船须经广东市舶司审验，进口奢侈品大多数运往京城，供王公贵族享用，其他商品经市舶司抽解后可在港口周边互市，即“不属于禁榷的货物经过课征、博卖等程序后，可进入集市交易”。[②]

北宋前期，官方经常组织商人随同使臣一道前往出使国互市。如路允迪出使高丽之前，曾委托闽浙官衙招募 6 艘客舟（商船）、2 艘神舟，总人数达 720 名，主要为福建、浙江等地商人，路允迪使船上的保义郎李振就是莆田人。

（二）“结托”贸易

“结托”实际上就是“中外合资”经营。从北宋中后期起，朝廷逐渐放松蕃客入境限制，外商经泉州市舶司批准后，可以在境内设铺，销售“香犀象翠”等进口商品。同时，朝廷允许外商在当地收购农产品和手工业品，如蔗糖、荔枝干、桂圆干、纺织品、陶瓷等。据《莆田市志》载：“蕃客或设铺经营，或越过州县销售，或同境内商贾合伙贩运。”这也是最早的中外合资、中外合作的经营方式。[③]

---

① 《宋史》卷八《食货志》。

②③ 莆田市地方志编纂委员会：《莆田市志》，方志出版社 2001 年版，第 1682 页。

（三）海上走私

宋初，朝廷实施进口商品禁榷制度，外商蕃客为了逃避市舶司课征关税，经常到莆田沿海市舶司监管薄弱的码头和岛屿，与当地商人私下易货，故南日、南澳、黎屿、湄洲等地经常出现走私活动。据史书载，北宋熙宁（1068—1077）年间，“外蕃夷民时有聚众非法入境，于莆田县的南日、湄洲、平海、秀屿，仙游县的枫亭、沧溪诸港汊岛屿，走私国家专营商品茶叶、晒盐，走私者以耶蛮人和倭人居多”。[①] 特别是进口奢侈品，利润丰厚，走私猖獗。兴化知军王居安向朝廷呈奏：“蕃舶多得香犀象翠，崇侈俗，泄铜镪，有损无益，宜遏绝禁止。皆要务也。通商贾以损米价，诛剧盗以去民害。”[②]

宋元符二年（1099 年），兴化军“遵照宋朝廷颁定的对外经贸防守、盗纵、诈冒断罪法，以保护正当的对外贸易，打击走私违法行为，加强对外贸易的官府监管职能”，海上走私一度收敛。北宋末，朝廷“设兴化水军，配置查缉舟船”，打击海上走私活动。[③]

南宋时，随着对外交流的迅速扩大，官商勾结海上走私贸易十分普遍。于是，朝廷在兴化沿海“增设平海、湄洲、南日等烽火台（瞭望哨）各一处”。[④] 但屡禁不止，海防官兵受贿“放水”（私放走私船），海上走私成为公开的秘密。同时，兴化商人还结伙前往广东大奚山（今香港辖区）等地从事海上走私。据史书载：“近年多有兴化、漳、泉等州，逋逃之人，聚集其处，易置大船，

① 莆田市对外经济贸易委员会：《莆田市外经贸志》，方志出版社 1995 年版，第 133 页。

② 《宋史》之《王居安传》。

③ 莆田市对外经济贸易委员会：《莆田市外经贸志》，方志出版社 1995 年版，第 108、134 页。

④ 莆田市对外经济贸易委员会：《莆田市外经贸志》，方志出版社 1995 年版，第 135 页。

创造兵器，船贩私盐。”①

虽然海上走私贸易造成朝廷税收的严重流失，也给市场秩序带来了一定的负面影响，但海上走私也是对外贸易的一种补充形式，在对外经济交流中也有一定的裨益。

三、通航的国家和地区

宋代，兴化军通商贸易的国家和地区比较多，主要有阿拉伯半岛、大食（统指阿拉伯地区）、阇婆（印度尼西亚爪哇岛中部）、三佛齐（苏门答腊岛东部）、高丽（朝鲜）、日本、琉球等国家和地区。还有交趾（今越南北部）、占城（今越南南部）、真腊（今柬埔寨）、中南半岛等一些国家。由于当时航海技术落后，航海设备简陋，海船只能借助海洋季风为动力，沿着大陆架缓慢行驶，航速慢，风险大。一般“以冬季往，以夏至归”，“舶船去以十一月、十二月，就北风；来以五月、六月，就南风”，而“蕃诸之入中国，一岁可以往返，唯大食必二年”。②

宋代，兴化军有国内和国外两种航线。国内航线分为三条：一是向南航线，即从兴化各港口出发，前往厦门、广东、台湾等地；二是向北航线，即从泉州港口出发，前往福州、温州、宁波、杭州、上海、江苏、山东等地港口；三是海上转内陆航线，即从兴化各港口出发，“帆船经福州至四明（今宁波），由四明北上……陆路入京师，外至北戎西夏”，与陆上丝绸之路相连接。③据蔡襄的《荔枝谱》载，兴化荔枝“水浮陆转，以入京师，外至

---

① （清）徐松：《宋会要辑稿》刑法之一二一，第6556页。

② 朱维幹：《莆田县简志》，方志出版社2005年版，第263页。

③ 莆田市对外经济贸易委员会：《莆田市外经贸志》，方志出版社1995年版，第33页。

北戎、西夏”，走的就是这条航线。

兴化海外航线有南北两大航线。南航线为兴化—三佛齐—麻逸等东南亚各国的航线，即“商帆船先至泉州，时泉州连海外之国，有36岛。海船由境内港口经泉州南下经占城（越南南部）、罗斛（今泰国曼谷）、真腊（今柬埔寨，属国有波斯兰、真里富），航行到三佛齐国境内。三佛齐国是诸蕃水道要冲，国都巴淋冯（今苏门答腊东南部），凌牙斯加（今马来半岛的大泥）、吉兰丹、佛罗安，大都属马来半岛的范围”。兴化商船到达三佛齐之后，又分为东西两条航线。东航线，“海船由三佛齐国往东南方向航行，至阇婆（今爪哇），此国多胡椒荟萃之地。由阇婆而东北至渤泥（今文莱），由渤泥再至麻逸（今菲律宾群岛，麻逸是群岛中的民都洛岛）”。[①] 这条航线是宋代兴化海上贸易的主要航线，其潮水、风向比较适中，“舟行迅速，无有险阻，往返不逾年，获利百倍”。[②] 西航线，从三佛齐国向西航行，即“海船由三佛齐国西行，取道凌牙斯加进入印度洋，先至马八儿（今马拉巴尔），或先至故临（亦作俱蓝）住冬，次年再起锚，顺风60日到大食（今伊拉克），有著名海港叫作巴士拉港”。[③] 这条航线航行时间长，须经过印度洋，风险较大，但利润丰厚，只有大商船或有经验的商人才选择这条航线。往东南亚各国的商船，去时乘南风，返回顺北风，每年可往返一趟。而前往大食国的商船必须住冬，次年才能顺风返回。

---

① 莆田市对外经济贸易委员会：《莆田市外经贸志》，方志出版社1995年版，第33页。

② 郑振满、丁荷生：《福建宗教碑铭汇编·兴化府分册》，福建人民出版社1995年版。

③ 莆田市对外经济贸易委员会：《莆田市外经贸志》，方志出版社1995年版，第33页。

兴化向北航线为东亚各国航线，即从兴化港口出发，向北“水路东南至高丽、日本、琉球”等国家。[①] 蔡襄的《荔枝谱》中“其东南舟行新罗、日本、琉球”，说的就是这条航线。宋辽两国军事对峙期间，朝廷担心商人与辽国发生联系，禁止商人往来日本、高丽等国经商贸易。后来虽然允许海商前往东亚各国贸易，但又规定“凡往高丽者财产须达三千万贯”，当时一石米只六七百文，家财达三千万贯可谓凤毛麟角。直到元丰二年（1079 年），宋廷才废止此禁令，允许民间商人与东亚各国自由贸易。

四、进出口商品

宋代，随着海上贸易的蓬勃发展，兴化军对外经济交流不断扩大，进出口商品日渐增多。进口商品以奢侈品居多，如象牙、犀角、玳瑁、珊瑚、琉璃、翡翠、乳香、龙脑等“香犀象翠”。出口产品以丝绸、陶器、铜、铁、蔗糖、食盐、荔枝干、桂圆干等为大宗。

（一）出口产品

宋初，“兴化境内盛产蔗糖、荔枝、麻布、青靛、铁器、木材等土特产，运销外地”。[②] 据史书载：“宋代，涵江形成集镇，出口商品种类渐多，有纺织葛布、银器、蔗糖、海盐、青瓷器、中草药材、荔枝干果，其中荔枝干果和海盐为大宗，分别出口日本、朝鲜，以及东南亚诸国。”[③] 北宋时，“仙游境内商品出口外销，

① 莆田市对外经济贸易委员会：《莆田市外经贸志》，方志出版社 1995 年版，第 32—33 页。

② 仙游县地方志编纂委员会：《仙游县志》，方志出版社 1995 年版，第 418 页。

③ 涵江区地方志编纂委员会：《涵江区志》，方志出版社 1995 年版，第 246 页。

主要输出有荔枝、砂糖、青靛、麻布、瓷器、铁器、茶叶等。货物在枫亭市太平港集散，运销埃及、波斯、日本、东南亚各国”。[①]

南宋初，兴化有“庄边窑、灵川窑生产的青瓷、青白瓷（影青）产品，销往菲律宾、日本等国家”。[②]

南宋中后期，海上贸易蓬勃发展，兴化出口产品种类繁多，主要有食品、药材、杂货、纺织品、陶瓷器皿、纸张、书籍等。纺织品类有锦绫、缬绢、丝帛、皂绫、假锦、五色缬绢、红吉贝、葛布等；陶瓷器皿类主要有陶盆、陶钵、青瓷、白瓷、黑瓷用具和工艺品等，以青瓷器和青白瓷器为主；金属类有铜、铁、铅、锡、金、银、钱币、铁钉、铜鼎、网坠等；药材类有川芎、朱砂、甘草、大黄、黄连、白芷、樟脑、茯苓、麝香等；食品类有糖、盐、酒等；农产品有荔枝干、桂圆干、茶叶等；杂物类有漆器、绢伞、藤笼等。出口货物“以荔枝干、瓷器、晒盐为大宗”。[③]

宋瓷

① 仙游县地方志编纂委员会：《仙游县志》，方志出版社 1995 年版，第 489 页。

② 莆田县地方志编纂委员会：《莆田县志》，中华书局 1995 年版，第 419 页。

③ 莆田市地方志编纂委员会：《莆田市志》，方志出版社 2001 年版，第 1687 页。

（二）进口商品

宋代，兴化进口商品种类繁杂。据载，兴化"'游商海贾'驾船远航到东南亚一带，购运大量物资，主要有稻谷、棉花、香料、细香料（含丁沉香、肉豆蔻、龙脉之类）、胡椒、犀角、象牙、珍珠、玳瑁、耶悉茗、蕃桂、茉莉、夹竹桃等"。[①] 同时，还有乳香、没药、血竭、金颜香、笃耨香、苏合香油、安息香、栀子花、蔷薇水、笺香、檀香、丁香、降真香、麝香木、槟榔、椰心箪、苏木、芦荟、珊瑚树、猫儿睛、琉璃、腽肭脐、翠毛、龙涎香、鹦鹉、黄蜡等。另外，还输入大米、食油、棉花、丝绸、药材及文化用品。

南宋末，兴化大量"进口奢侈品，以珍珠、香料、象牙、犀角居多"，导致境内奢侈风气盛行。[②]

值得一提的是，宋代兴化引进了一些农作物新品种，对兴化农业种植结构改良起到了积极作用。特别是从越南引进的"占城稻"，对于提高兴化粮食产量意义重大。据史书载，宋大中祥符元年（1008 年），占城稻传入福建试种成功后，朝廷于大中符五年"以江、淮、两浙稍旱即水田不登，遣使就福建取占城稻三万斛。分给三路为种"。[③] 据不完全统计，宋代海外花木种植技术传入境内有五（种）。斜堤，《三山志》称："南海种，商舶传入闽中。"耶悉茗，出拂林国，亦出波斯国，《兴化府志》引宋旧志称："蕃舶载至，广人易其名曰素馨。"蔡襄咏曰："素馨出南海，万里来商舶。"俱那异，俗称夹竹桃，曾师建《闽中记》说："皆出西域，

① 涵江区地方志编纂委员会：《涵江区志》，方志出版社 1995 年版，第 245 页。

② 莆田市对外经济贸易委员会：《莆田市外经贸志》，方志出版社 1995 年版，第 25—26 页。

③ 《宋史》卷一七三《食货·上一》。

盛传闽中。”蕃桂，本为越南国物产，《兴化府志》引宋旧志称：“莆仙到处有此花，花有香味，故又称蕃桂。民间少女喜采叶嚼碎，以染指甲成红，俗称指甲花。”茉莉，《兴化府志》引宋旧志称：“佛书谓之茉莉花。”[①] 这些宋代引进的新品种，至今在莆田境内仍普遍种植。

第三节　兴化海上丝路的人员往来与文化交流

宋代，兴化在教育、科举和文化艺术等方面都出现了空前的繁荣。宋代名相王安石曾赞曰：“兴化多进士，就乡举者常八九百人，而学舍弊小，无文籍，公至则新而大之，为之讲书，而国子之所有者皆具。时庆历中也。今三岁一诏就试，凡六千九百三十四人，几七倍也。”[②] 蔡襄在《兴化军仙游县登第序》亦云：“每朝廷取士，率登第言之，举天下郡县，无有绝过吾郡县者。甚乎，其盛也哉！”可见宋代兴化科举之鼎盛，进士之众多。[③] 据史书载，莆田县“举进士者 823 人，举诸科者 54 人，特奏名者 479 人，舍选出身者 10 人，应宏词科者 1 人，应童子科者 5 人，应宗子科试者 3 人，恩赐进士者 8 人，恩赐释褐者 6 人，准赦文推恩者 25 人，以事补官者 2 人。制科之盛，求之全国，唯赣之吉水与

① 莆田市地方志编纂委员会：《莆田市志》，方志出版社 2001 年版，第 1699 页。

② （明）黄仲昭：《八闽通志》（下册），卷八十六，福建人民出版社 1990 年版，第 1002 页。

③ （宋）蔡襄：《端明集》卷二十九《兴化军仙游县登记序》，景印文渊四库全书本。

闽之莆田首屈一指”。[1] 宋代文化教育事业的繁荣发达，既促进了地方经济社会的快速发展，也为海上丝绸之路的文化交流奠定了基础。

一、海丝人员往来

宋代，海上贸易蓬勃发展，海上丝绸之路上的人员往来日渐增多，兴化商人从白湖、太平、涵江、江口、吉了、贤良、宁海等港口出海，先到泉州办理出关手续，然后前往海外各国经商贸易。有些商人因商贸需要和等待季风等原因，滞留海外各国定居，成为早期的华人华侨。

据《莆田县志》载：“南宋绍兴八年（1138 年），……迁莆居城厢阮巷者，其后有去越南。莆田县就有不少‘游商海贾’，‘牟利于他郡外蕃’。”[2] 这些从事远洋贸易的兴化商人，不畏艰险，斩波劈浪，远赴异国他乡谋生，成为海外兴化华侨的先驱，成为海上丝绸之路的开拓者。

二、妈祖信仰形成与传播

宋代，除了唐代形成的吴氏圣妃、吴（兴）公、梅妃、陈靖姑、柳冕、光济王、裴次元等民间信仰外，又出现了钱（四娘）妃、李侯、妈祖等多个民间信仰。尤其是妈祖，备受广大百姓尊崇，先后 14 次得到朝廷的褒封，由一个地方小神迅速演变成为全国性神祇，并向东亚地区和东南亚各国传播。

---

① 民国《莆田县志》卷十二《选举志》第一册，第 446—447 页。

② 莆田县地方志编纂委员会：《莆田县志》，中华书局 1995 年版，第 140 页。

古代，海上贸易是一个高风险的行业，史书上有“浮海之商，以死易货”的记载。[①] 南宋诗人刘克庄也在《泉州南郭》诗中感叹：“海贾归来富不赀，以身殉贸绝堪悲。”商人们无力抗拒自然界的威力，只好祈求妈祖保佑，劫后余生，更加感恩妈祖神助，从而不断推动妈祖信仰的发展。于是，妈祖信仰踏上了兴化商船，沿着海上丝绸之路向东南沿海各地和海外各国广泛传播。

海外最早传播妈祖信仰的是高丽国。据史书载，宣和四年（1122 年），高丽睿宗去世后，朝廷派使臣路允迪为正使、傅墨卿为副使，率使团前往高丽吊慰。使船途经米姑山海域时遭遇飓风，路允迪侥幸脱险返朝后，将海上遇险受妈祖护佑的神奇经历奏报朝廷。宣和五年，宋徽宗御赐妈祖“顺济”庙额。此外，据史书载，宋代使船和商船经常停泊在高丽港口（今礼成江一带），高丽人目睹中国使臣虔诚祭拜妈祖的全过程，便开始了解妈祖神灵。于是，高丽使臣和航海者开始学习中国使臣和商人的做法，出海之前也举行祭拜妈祖仪式。据韩国文献载，14 世纪末至 15 世纪初，出使宋朝的高丽使臣“郑梦周、李崇仁、权近、朴宜中、李詹、李稷等人，还有在“丙子胡乱”之前（17 世纪前半期）通过海路使行的安璥、李民宬、赵濈、金尚宪、李德泂、洪翼汉、崔有海、申阅道、高用厚、李忔、金堉等人，在朝鲜半岛的西海岸和辽东南端、渤海湾的岛屿，特别是被称为南北祖宗庙岛（沙门岛）的显应宫祭拜妈祖，留下了祈愿妈祖显灵的作品，和使臣们一起出海的船夫们也开展了妈祖的信奉活动”。[②]

---

① （宋）真德秀：《西山先生真文忠公文集》。

② 朴现圭：《韩国的妈祖信仰现状》，《莆田学院学报》2016 年第 1 期。

第三章

元代兴化海洋经济恢复与海丝经济文化交流

元立国后，实施行省制度，朝廷设中书省，地方设行中书省和路、府、州、县等行政机构，改兴安州为兴化路，隶属福建行中书省管辖。

第一节 元代兴化海洋经济恢复与对外经济交流扩大

“福建八郡中，兴化军最小，抗元最烈”，① 因而招来元军两次大规模屠城和洗劫，境内经济社会遭到空前破坏。加上元初蒙古族的残酷统治和民族歧视政策，兴化境内土地兼并日趋严重，农民暴动此起彼伏，社会动荡不安，经济长期萧条。特别是“苛捐杂税猛如虎”，官方和元军的轮番抢掠，兴化百姓生存环境极为

① 朱维幹：《福建史稿》（上册），福建教育出版社 1985 年版，第 366 页。

恶劣，前朝官僚贵族纷纷归隐山林，地方富绅陆续逃离家乡，境内出现了“元九十三年之治，无一人留心郡志者，故土田、财赋通无可考”的历史空白。[①]

一、兴化海洋经济恢复与发展

蒙古统治者入主中原后，为了笼络人心、巩固政权，也颁布了一些有利于经济发展的诏令，有效地促进了兴化经济的恢复与发展。

（一）手工业恢复与发展

元初，朝廷加强对手工业经济的控制，在兴化路成立了织染局和杂造局。织染局负责管理地方纺织业与印染业，以低价收购纺织品，并由官方进行出口。杂造局控制了陶瓷、铁器、酒等产品的生产与流通。直到成宗皇帝执位时（1295—1307），朝廷才放松手工业管制，境内手工业经济开始恢复与发展。

一是陶瓷产量大幅增长。元代，兴化制陶技术更加成熟，瓷窑众多，产量提高，青釉技术更加精湛，品种增多。规模较大的有兴化县徐州窑和莆田的西天尾窑、灵川窑、花亭窑，以及仙游西乡的大济、度尾等窑群。陶瓷产品除了在境内销售外，还大量销往日本和东南亚各国，成为元代兴化海上贸易的重要物资。

二是纺织业规模庞大。至元二十六年（1289 年），朝廷在福建设立“木棉花提举司”，要求福建每年上贡棉布 10 万匹。纺织品的大量朝贡，促进了福建纺织业的快速发展。元中期，随着元代对外贸易的不断扩大，丝绸织锦等纺织品成为海上贸易的畅销

① （明）周瑛、黄仲昭：《兴化府志》，福建人民出版 2007 年版，第 295 页。

物资，需求的扩大带动了境内纺织业的发展。同时，元代兴化纺织专业化程度也有较大提高，原来落后的纺纱工艺已被淘汰，江浙地区高质量的“湖丝”大量涌入市场，许多家庭作坊直接购买江浙“湖丝”进行生产，纺织品成本下降，质量提高。据史书载，元代兴化纺织品有三大类，即麻织品、棉织品和丝绸织帛，品种有棉布、葛布、麻布和丝绸帛等十多个，并形成了以黄石为中心的纺织品专业市场。纺织品除了朝贡和百姓生活所需外，还通过海上丝绸之路销往东亚和东南亚各国。

三是农产品加工业迅速扩大。元代，境内干果加工技术已经非常成熟，荔枝干、桂圆干的加工作坊遍布城乡。郡城、涵江、梧塘、黄石、华亭、枫亭等地形成了农产品贸易集市，外商蕃客经常在农贸集市采购蔗糖、荔枝、龙眼、茶叶、陶瓷、细布、丝绸、食盐等商品，兴化对外经济交流不断扩大。

（二）商业恢复与发展

元至元十四年（1277 年），朝廷在泉州设立市舶司，沿海对外贸易开始兴起，兴化路受泉州刺桐港的海上贸易辐射，商业经济逐渐恢复与发展，涵江、迎仙、宁海、白湖、梯吴、浮曦等临海码头逐渐繁荣。涵江集市，商船众多，蕃客云集，进出口商品琳琅满目，已发展成为闽中的货物集散地。郡城白湖市，“人物之所合，水陆之所备，舟车之所会”，也是元代对外贸易的重要港口。①

元代中后期，横跨莆田、景德、连江、福清四里的黄石市，迅速发展成为外舶蕃客云集的商业重地，“货物充斥，买卖旁午”，形成了“土苎、麻、棉、细布、饮食糕饼、盐子店、渔牙行栈、

① （明）周瑛、黄仲昭：《兴化府志》，福建人民出版社 2007 年版，第 843 页。

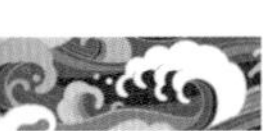

中医药铺、土纸、土制糖、南北京果、山货、杉木行、铸造和陶业”等十多个行业，成为闽中最大的进出口货物集散地。[①]

仙游商业经济因对外贸易的兴起而逐渐恢复。元贞（1295—1297）年间，仙游的枫亭、沧溪、坝下、何岭关、赖店、玉墩、柴桥头、慈孝、度尾等地，均有粮油集市和手工业品销售市场。榜头、中岳、慈孝等地设有山货、土纸、木竹制品等专业市场，境内商品交换和对外经济交流不断扩大。县城的西门外，商贾集聚，聚店成街，发展成为商贸中心。

元后期，枫亭太平港，“市街长三里许，为仙游闹市，商贾贸易颇盛。……南通泉州，北通郡城，东通黄石、平海，西通本县，为四达之衢。市场之东有太平港，潮汐盈缩；枫溪水亦至此入海。溪海会流……人烟繁庶”。据史书载，枫亭集市“通道而南，城趋乎刺桐（泉州）。胡椒、槟榔、玳瑁、犀象、殊香百品、异药千名、木棉之裘、葛布之筒。重载而来，轻赍而去者，大率贸白金而置青铜”。出现了“一哄之市，百货骈集，五达之逵，四方会通”的繁荣景象。[②]

二、对外贸易不断扩大

元代沿袭宋代市舶司制度，实行朝贡与民间贸易相结合的对外贸易政策。忽必烈统一江南的战争尚未结束，便诰谕海外诸国：“诚能来朝，朕将礼之；其往来互市，各从所欲。”[③] 元军攻克泉

① 莆田市地方志编纂委员会：《莆田市志》，方志出版社2001年版，第1528页。

② （明）周瑛、黄仲昭：《兴化府志》，福建人民出版社2007年版，第290、841页。

③ 《元史》卷十。

州城后，留用色目人担任福建市舶司使，鼓励阿拉伯商人招徕中亚、欧洲的商船和蕃客，欢迎外商来朝经商贸易。至元二十一年（1284年），朝廷废除了“十一”（即10%）抽分税制，代以官商分利制，“官自具船、给本，选人入蕃贸易，所获赢利，官取其七，商得其三”。[①] 实际上就是官商合作经营外贸生意，并进行利润分红。至元二十四年，朝廷组建海上贸易机构——“行泉府司”，下辖镇抚司、海船千户所和市舶提举司等，负责接收、管理和运输“蕃夷贡物及商贩奇货”等业务。同时，还创建了“海船水军”，以护海道安全。在朝廷宽松的海上贸易政策鼓励下，兴化沿海各港口出现空前的繁荣。

（一）港口经济繁荣

元初，兴化路进行了大规模的水利设施重修和桥梁建设，境内交通条件有了较大的改善，但沿海航道出现较大变迁。如宁海桥修建之后，阻断了兴化湾通往白湖港的航道，宋代繁华一时的白湖水市日渐衰落。而宁海港又迅速发展成为繁荣商港，并带动了黄石集市的快速发展。

秀屿港、太平港等港口也是兴化对外贸易的重要口岸。其中：太平港，据史书载，元代，太平港贸易兴盛，外国商船“重载而来，轻赍而去者，大率贸白金而置青铜。列肆喧雷，长桥跨虹，北首而近长安之日，东游而快沧海之风……舳舻衔尾，风涛驾空。粒米之狼戾，海物之维错，遐珍远货，不可殚名者，辐辏于南北之贾客；白鱼、乌贼、水珍，川泽之百种，先二潮而上者，所至相接踵；薪、炭、竹、木、柿、梨、枣栗，山林之百物，由道而来者，其积如崇墉”。特别是元末，太平港车水马龙，热闹非凡，

① 《元史》卷九十四。

宁海港遗址与宁海桥

"人物之所合，水陆之所备，舟车之所会，日盛于一日，自远方而来徙家者，复多于穴之蚁、窠之蜂"，港口经济空前繁荣。[①]

（二）主要海上航线

元代，兴化路"通商国家和地区多达 16 个，以东南亚诸地为主"。[②] 主要航线有：兴化—占城（今越南），兴化—三舆（今菲律宾），兴化—暹罗（今泰国），兴化—三佛齐（今马来半岛），兴化—朋加拉（今孟加拉国），兴化—真腊（今柬埔寨），兴化—渤泥（今文莱），兴化—天堂（今阿拉伯），兴化—爪哇（今印度尼西亚爪哇岛），兴化—锡兰（今斯里兰卡），兴化—马八儿（今印

① （明）周瑛、黄仲昭：《兴化府志》，福建人民出版社 2007 年版，第 841、843 页。

② 莆田市对外经济贸易委员会：《莆田市外经贸志》，方志出版社 1995 年版，第 1 页。

度马拉巴尔），兴化—俱蓝（今印度西南沿海的卡拉拉邦奎隆），兴化—日本，兴化—高丽，兴化—琉球等。

元代，兴化路国内航线可分为省内航线和省外航线。其中省内航线，向南由兴化至泉州、厦门等；向北由兴化至福州、福清、宁德。省外航线有三条：向北至宁波、杭州、上海、苏州、南京、天津、烟台、大连等；向南经泉州往广州、漳州、香港等；向东至澎湖列岛和台湾等。

（三）进出口商品

元代，兴化境内海上贸易产品比较丰富，出口商品主要有两大类：一类是农产品，主要有蔗糖、干果、茶叶、木竹山货等；另一类为手工业品，主要有纺织品、杂货、铁器、白金、青铜、工艺品、陶瓷等，出口产品以蔗糖、干果、纺织品和陶瓷为大宗。特别是陶瓷出口数量巨大，兴化县徐州窑、莆田县西天尾碗洋窑生产的青釉陶瓷，大量销往日本、高丽、三佛齐等国和台湾地区。灵川海头的苦山陶窑生产的青瓷、影青瓷和酱色瓷，主要销往台湾地区和东南亚各国。仙游埔尾、岑岭等陶窑生产的工艺瓷、青瓷、影青瓷等，主要销往日本、越南、朝鲜、琉球等东亚各国和地区。

进口商品主要有宝石、珍珠、胡椒、犀角、玳瑁、象牙、槟榔、木棉、葛布、药材（含没药、芦荟、血碣、荜拔）、沉香、檀香、粮食、白糖、布料、香料和农作物新品种等。[①] 据载：“南海诸岛有香料之输入，大致包括丁香、肉豆蔻、檀香、沉香、降香、安息香、樟脑、胡椒、姜、肉桂、苏木，以及产于南海诸岛之其

① 莆田市对外经济贸易委员会：《莆田市外经贸志》，方志出版社 1995 年版，第 26 页。

他香料。”[1] 这些进口商品，并不是全部在兴化境内销售，兴化商人与外商进行易货贸易之后，又贩运到闽中各地和闽北各县。而外国商人也常到兴化购买农产品和手工业品，双方以物换物为主，也有用白银购买，进出口贸易基本能够实现收支平衡。

（四）海上走私

元初，兴化沿海岛屿走私现象比较普遍，加上朝廷律令松弛，不少官僚贵族参与海上走私活动，一些海商为了逃避税赋，在商船进港之前“走泄细货”，或利用僧道特权夹带走私货物，千方百计逃避市舶司的“抽解”。特别是至元二十七年（1290 年）之前，海站官兵公开参与海上走私，兴化沿海走私活动非常猖獗。

至元二十八年，朝廷颁布《市舶则法》，严禁官员经商贸易，海上走私活动有所收敛。兴化路根据朝廷旨意，改由兴化千户所监管船舶，由莆田海站兼管航运。

元仁宗皇帝执政时（1312—1320），朝廷为了增加财政收入，于延祐元年（1314 年）改为“细物（奇珍异宝）十分抽二，粗物十五分抽二”。[2] 这既提高了“抽解”幅度，又增加了舶税钱，海上贸易利润大部分为朝廷所盘剥。于是，不少兴化海商铤而走险，加入海上走私活动行列。

元代，朝廷曾先后 4 次实施海禁，虽然时间都较短，每次海禁只有两三年，但对于以海为生的沿海民众而言，也是绝了生路，他们只好冒着杀头的危险，偷偷从事海上走私，以维持家庭生计。莆田县的南日、湄洲、乌丘等岛屿，经常沦为海上走私的窝窟。但无论是正常的对外经济交流，还是海上走私活动，对于兴化经济社会发展都产生了积极作用。

---

① 朱维幹：《莆田县简志》，方志出版社 2005 年版，第 266 页。

② 《元史》卷九十四《食货二・市舶》，第 2403 页。

第二节　元代兴化传统文化的交流与传播

宋末元初，兴化郡城几度易帜，教育设施多毁于战火。加上一切行政权力均掌握在蒙古人手中，地方官府不重视儒学，兴化境内文化教育大幅衰退。元中期，兴化境内文化教育得到全面恢复，官方设有路学、县学和社学、书院等，民间设有庙学、私塾、义学、书斋和书院等。教育内容有儒学、蒙古学、阴阳学、医学、宗教学等。但由于朝廷严格控制儒学，又实施民族歧视政策，儒学在国家文化教育中的主体地位出现了衰退。特别是朝廷科举取士数量的大幅减少，客观上影响了兴化儒学文化教育的发展。有元一代，兴化境内进士及第仅 12 人，留下传世作品仅 60 多部，与宋代相比可谓是一落千丈。

一、传统文化交流

元代，兴化学者作品流传海上丝绸沿线国家和地区不多。流传日本的兴化学者作品主要有黄仲元的《四如集》、洪希文的《续叶渠集》、郑均的《衍极》、陈旅的《安雅堂集》、彭致中的《鸣鹤余音》等，现保存于东京大学东洋文化研究所。

元代，朝廷严厉打击异端思想，兴化境内刻书业全面萧条。当时日本正在大力发展“五山文化”，盛行翻刻中国古书典籍，吸引了众多兴化手工业者前往日本谋生。如元至正二十七年（1367年），莆田仁德里台谏坊（今西天尾镇俞里村）俞良甫带领一批兴化刻书艺人东渡日本，侨居京都西郊嵯峨地区，从事雕版业和图书印刷生意，先后经营了20多年。据史书载，俞良甫“寓居东京的嵯峨，以刻书为业。先后刻有《春秋经传集解》《李善注文选》《昌黎文集》《唐柳先生集》《陆放翁诗集》，以及佛经、小学（字书）、课本等几十种，署名‘中华大唐俞良甫博士’。良甫善剞劂，刀法娴熟。所刻的书，字体隽秀，版面整洁，选本精良，为日本学界所珍视，特称为‘俞良甫版’”。[①] 同时，在俞良甫的带动下，兴化境内先后有30多名手工业者前往日本从事刻书印刷业务，翻刻了不少中国古典名著，培养了不少日本徒弟，为东亚地区的中华传统文化传播做出了积极贡献。日本学者曾赞扬：“俞良甫及刻工们到日本刊刻书籍，为中华文化在日本的传播，为日本的刻书业发展做出了贡献，也为中日民间交往史写下了有价值的一页。同时说明中日两国的文化交流源远流长。”[②]

二、妈祖文化交流

元统治者出于经济社会发展需要，对妈祖给予极大的尊崇，赋予妈祖“护国、辅圣、庇民、显佑、广济、灵感、助顺、福惠”等封号，使妈祖从人间神祇上升为天上尊神。各滨海州郡，皆置祠庙，信士众多，妃庙遍布。

元代，海上贸易持续繁荣，妈祖信仰伴随海商足迹迅速传播到海上丝绸之路沿线国家和地区。特别是元中后期，兴化路与东亚各国的海上贸易规模日益扩大，海商们将家乡盛产的陶瓷、丝

---

① 莆田县地方志编纂委员会：《莆田县志》，中华书局1995年版，第1047页。

② 陈金如：《元末明初在日本的莆田人刻工俞良甫》，《中国印刷》2002年第11期。

绸、棉布等工业品和荔枝干、桂圆干、杨梅干等土特产，大量销往日本、琉球、朝鲜、越南等国家和地区。而麻姑山海域和台湾海峡，每逢夏秋季节经常出现飓风狂浪，海难事故频发，海商们只好祈求妈祖保佑。商船平安返回后，海商们也会到妈祖庙焚香致谢，感恩妈祖神助，不少商家还专程到湄洲祖庙恭请妈祖分灵随船出海，早晚进香，十分虔诚。

据史书载，元代澎湖岛上建有妈祖庙，“公元1280年（至元十七年），元世祖派兵征伐日本，遭遇台风，官兵漂散，而梦见妈祖救众，登陆湖屿（即澎湖屿）。惊涛余生，为妈祖神佑，所以公元1281年（至元十八年）世祖封妈祖为天妃，立天妃宫，设澎湖寨巡检司”。[①]

元中后期，前往东南亚各国经商的福建商人，为了方便贸易，开始临时居住海外各地，并在侨居国创建“亚答”小屋，安放妈祖神像，随时焚香祭拜。元末，随着海外各国华人的日渐增多，一些商人开始在华人聚集地集资创建简陋的土地庙、观音亭，并将妈祖神像与土地神、观音菩萨塑像合祭供奉，这些成为海外各侨居国最早的妈祖行宫。据越南兴安市天后宫《潮州府重修碑刻》载：“北和下庙古宪南北，我天后圣母亲祠在焉，元明时列祖来商所肇造也。”[②] 由此可见，宋元时潮州人已在越南境内创建妈祖庙，在侨居国传播妈祖信仰。

---

① 《闽台妈祖庙大全》，中国姓氏文化出版社2016年版，第480页。

② 李天赐：《越南华侨华人信仰初探》，《莆田学院学报》2011年第1期。

第四章

明代兴化海上贸易与海丝文化交流

明朝立国后，东南沿海倭寇祸患日趋严重，朝廷采取闭关锁国政策，长期实施海禁，阻碍了海上贸易的发展，并引发了大规模的海上走私活动。明中后期，朝廷的海禁政策时开时禁，海上贸易时起时落。直到明末，朝廷才逐渐放松海禁，沿海贸易才全面兴起。明朝，兴化海商因朝廷海禁和生活所迫，开始向海上丝绸之路沿线国家和地区移民，在侨居国逐渐形成了海外兴化商帮，并将兴化传统文化带到海外各国，促进了海丝文化交流。

第一节　明代倭寇祸患与兴化海洋经济恢复

倭寇祸患起于中唐时期，猖獗于13—16世纪。早期的倭寇是一支以日本海盗和商人为主体且专门从事海上抢劫的武装队伍，活跃于日本海、朝鲜半岛和中国东南沿海，以及菲律宾和马六甲等海域。倭寇长期劫掠海上来往船只，打劫沿海城镇、村落和港口，对我国东南沿海百姓的财产和生命安全构成严重威胁。进入明代后，倭寇队伍的成分日渐复杂，除了日本海盗和商人外，还有朝鲜、琉球和中国沿海的不法分子，因海盗最初来自日本，故统称为“倭寇”。明代倭寇祸患持续了近200年，对兴化经济社会造成严重危害。直到嘉靖（1522—1566）末年，沿海倭寇祸患才逐渐平息，兴化海洋经济开始恢复与发展。

一、倭寇祸患

兴化府地处东南沿海，是明代倭寇祸患的重灾区。明永乐八年（1410年）至嘉靖四十二年（1563年）间，倭寇先后15次大规模骚扰兴化府，小规模抢掠不计其数，境内军民死伤几万人，经济损失无法估量，给兴化百姓造成空前的劫难。仅嘉靖三十七年至四十二年的5年间，倭寇进犯兴化境内就多达9次，他们烧杀抢掠、无恶不作，使得兴化境内死者相枕，积尸盈野，惨不忍睹。

特别是嘉靖四十一年十一月，5000多倭兵攻进兴化府城。城里刀光剑影、血流成河，城外风声鹤唳、遍地哀鸿，3万多居民被倭寇屠杀，“郡城遭受空前未有的浩劫，被烧杀劫掠一空”。[①]据史书载：“城破时，贼分守城门，吏民无得脱者；全城焚毁殆尽，不死于寇，则死于火。”[②]“倭寇入城后，大肆凶残。官民房屋并府县公廨、儒学，与夫四门、城楼，各衙分署，尽一举而焚之，环列数万余家，盖荡然一平野矣！”[③]几天之内，兴化城里布

① 莆田县地方志编纂委员会：《莆田县志》，中华书局1995年版，第10页。
② 朱维幹：《福建史稿》（下册），福建教育出版社1985年版，第252页。
③ 林润：《愿治堂疏稿》。

满几万具死尸，大街小巷臭气冲天，瘟疫并起，因疫病死亡者更是不计其数。莆籍御史林润在《条陈六事疏》奏曰："疫疠大作，城中尤甚。一坊数十家，而丧者五六。一家数十人，而死者十七八，甚至有尽绝者。哭声连门，死尸塞野。"可见，倭寇祸患对兴化百姓伤害之大、祸害之深，对兴化经济破坏之大，实乃空前绝后、史无前例。

倭寇屠城，大肆杀戮，朝野震惊，舆论哗然，朝廷立即派遣福建总兵俞大猷为总兵、戚继光为副总兵，率兵征讨倭寇。嘉靖四十二年（1563 年）四月二十一日，戚继光率部进攻平海卫倭寇窝点，"获得全胜，计擒斩倭寇 2451 人，缴获器械 3961 件，印信 15 颗。莆田平海等地被掳的男女 300 多人全部得救，戚兵只阵亡 16 人"。倭寇元气大伤，漏网之鱼从海上向南逃窜。[①]

嘉靖四十二年十一月初七日，倭寇又卷土重来，2 万多倭兵

抗倭古城莆禧城与戚继光石像

① 莆田县地方志编纂委员会：《莆田县志》，中华书局 1995 年版，第 12 页。

分 3 路围攻仙游县城，“从莆田东沙沿海登陆，在仙游建立东、南、西三巢，围困县城 50 余日，知县陈大有、典史陈贤与民众固守”。朝廷命“戚继光率义乌兵，于十二月二十五日分五路进兵，十二月二十六日晨由新岭进兵，毁平三巢，擒斩倭寇一千余名，救出被掳男女三千多人。万余败寇窜往惠安、晋江等地”。戚继光率兵乘胜追击，在同安王仓坪、漳浦蔡丕等地击溃了倭寇残部，长达 150 多年的兴化倭寇祸患才画上了句号。①

二、海洋经济恢复

明朝汲取元代苛政引发农民起义的历史教训，实施相对开明的农桑措施和商税政策。朱元璋执政后，要求地方官府招令流民还乡复业，鼓励百姓开垦荒地，促进经济社会的恢复与发展。

（一）农作物新品种引进

明代，兴化百姓引进了多种经济作物，诸如甘薯、烟草、花生、玉蜀黍、杧果、晒烟等，不但有效地改善了境内农作物种植结构，而且促进了农村经济的快速发展。

甘薯引进。甘薯俗称番薯、地瓜，是兴化沿海农民的主粮之一，其副产品（薯藤）可作禽畜饲料。明万历二十二年（1594年），闽人陈振龙赴菲律宾贸易，得薯藤及栽培技术。同年，在仙游枫亭育苗试种获成功，之后逐步推广至莆田、惠安、晋江、南安、永泰等地。从明中叶至今，山区、半山区、平原、沿海等地均有种植，种类有早薯、豆薯、稻头薯、花生薯。② 甘薯是旱地作物，具有抗病虫害强、栽培容易、适应性广、抗逆性强和耐旱、

① 仙游县地方志编纂委员会：《仙游县志》，方志出版社 1995 年版，第 16 页。

② 莆田市地方志编纂委员会：《莆田市志》，方志出版社 2001 年版，第 1030 页。

耐碱、耐酸、高产等特点，易种广收，味美甘甜，营养丰富，引进后成为兴化百姓重要的辅粮，有效地解决了兴化粮食短缺问题，多次帮助民众度过灾荒。

烟草引进。据邑人姚旅的《露书》载：“吕宋国出一草，曰淡巴孤，一名醇。以火烧一头，以一头向口，烟气从管中入喉，能令人醉，且可避瘴气，有人携漳州之种之，今复多于吕宋，载其国售之。”[①] 烟草来自吕宋（现为菲律宾马尼拉），具有“避瘴气，毒头虱”和容易上瘾等特点。“明万历（1573—1620）年间，境内引进并种植晒烟，主要产地在仙游东西乡平原和赖店，莆田的梧塘、萩芦等地，尤其以仙游的古洋里、富洋、万福、乌头的晒烟质量最好”。因烟草“一亩之收，可以敌田十亩（水稻）”[②]，到了明万历三十九年，“福建所出烟草‘反多于吕宋，载入其国出售’”。[③]

花生引进。“花生，原名‘落花生’，明代传入莆田后，成为全县主要油料作物，各乡镇都有种植，以沿海乡镇为多、平原次之、山区少量”。[④] 花生的大量引进并种植，既解决了民众的食油问题，又改善了生活质量，并对兴化农村经济发展起到了积极的促进作用。

其他水果引进。明代兴化百姓还从海上丝绸之路引进了杧果、黄梅、葡萄、桶柑等多种水果。据史书载，杧果，“明代中叶引种境内”，“榜头南溪等村丘陵山地已经成片种植”。[⑤] 这些从海上丝

---

① 朱维幹：《福建史稿》（上册），福建教育出版社1985年版，第42页。

② 莆田市地方志编纂委员会：《莆田市志》，方志出版社2001年版，第1032页。

③ 福建省地方志编纂委员会：《福建省志·烟草志》，方志出版社1995年版，第1页。

④ 莆田县地方志编纂委员会：《莆田县志》，中华书局1995年版，第178页。

⑤ 仙游县地方志编纂委员会：《仙游县志》，方志出版社1995年版，第183页。

绸之路引进的农业经济作物新品种，适应性强，经济效益好，为明代农村经济发展奠定了基础。

第二节　明代海禁政策与兴化海上贸易曲折发展

朱明政权长时间实施的海禁政策，严重阻碍了对外经济交流，并引发了海上走私的长期泛滥。明初，朝贡渐衰，至明嘉靖二年（1523 年）基本停顿。而私人海上贸易却大规模发展起来，尽管朝廷严加禁止，“重而充军”，但屡禁不止。[①] 明中叶，朝廷一度放松了海禁，但始终持消极态度，对民间海上贸易仍有着诸多限制，从而引发了大规模的海上走私活动。明末，虽然朝廷逐渐放开海禁，允许民间对外自由贸易，但朱明政权已经日薄西山，对外贸易的蓬勃发展已经无法挽救明朝走向覆灭的历史命运。

一、海禁政策

朱元璋执政之初，原本希望通过海上贸易增加财政收入。但因沿海倭寇祸患愈演愈烈，朝廷于洪武三年（1370 年）诏令“罢太仓黄渡市舶司”，断绝与东亚各国的通商贸易。[②] 明洪武七年，朝廷又撤销泉州、明州（宁波）、广州等 3 个市舶司，除琉球外，海上贸易全部停顿。洪武十四年，朱元璋“以倭寇仍不稍敛足迹”

① （明）陈世懋：《闽都疏》，中国社会科学出版社 1999 年版，第 4 页。

② 《明太祖实录》卷四十九。

为由，又下令“禁濒海民私通海外诸国”，禁止海上贸易。[①] 洪武二十七年，朱元璋再度重申禁海。明初的海禁政策，步步升级，越禁越严，从“禁濒海民私通海外诸国”到“禁民入海捕鱼”，再到“寸板不许下海”，直至“全家发边卫充军”和“依律处斩”“枭首示众”。[②]

朱棣执政时，海禁稍微放松，海上贸易一度兴起。但永乐三年（1405 年），朝廷又下达禁海令，一切“遵洪武事例禁治”，严禁沿海百姓与日本商人通商贸易。宣宗皇帝登基后，于宣德八年（1433 年）颁发禁海令：“凡私通外夷，贸易番货者，正犯处死刑，家人戍边”。明成化三年（1467 年），朝廷又加大“禁海”力度，诏令“若奸豪势要，及军民人等，擅造二桅以上违式大船，将带违禁货物下海，前往番国买卖，潜通海贼，同谋结聚，及为向导劫掠良民者，正犯比照谋叛已行律处斩，仍枭首示众，……卖与夷人图利者，比照私将应禁军器下海，因而走泄军情律，为首者处斩，为从者发边卫充军”。[③] 明嘉靖（1522—1566）年间，沿海倭寇祸患日趋严重，朝廷诏令“福建濒塘海居民，私载海船，交通外国，因而为寇。郡县以闻，遂下令禁民间海船，原有海船者，悉改为平头船（不能远行）。所在有司，防其出入”，禁止商人出洋贸易。[④]

明末，朝廷还先后颁布 3 次较为严厉的海禁，如明天启四年（1624 年）、天启六年、崇祯十年（1637 年）等。

明代，朝廷曾几度放松海禁，有限制地允许商人开展对外贸

---

① 《明太祖实录》卷一三九。
② 《大明律法》（刑法）。
③ 《大明律法》（刑法）。
④ 《明太祖实录》卷二十七。

易。但其初衷始终是消极的，即在无法遏制日趋猖獗的海上走私时所采取的权宜之计。其中最有代表性是“船引”（即出海凭证）制度。如正德嘉靖（1506—1566）年间，朝廷开放了漳州月港为对外贸易港口，又实行“船引”制度，但总共只发放了 88 张出海“船引”。中国海疆辽阔，海商众多，88 艘“船引”显然僧多粥少。虽然后来增加到 100 张、210 张，但对于东南沿海数十万海商队伍而言，简直就是杯水车薪。

二、对外经济交流曲折发展

明代，兴化对外经济交流经过了一个艰难曲折的发展历程。明初，朱明政权为了增加财政收入，一度允许民间海上贸易，朱元璋曾委任蔡哲为福建参赞，并告谕：“福建地濒大海，民物富庶，番舶往来，私交者众，往时官吏多为利沫，陷于罪戾，今命卿往必坚所守，毋蹈其过。”[①] 既希望适当发展对外贸易以增加朝廷税赋收入，又担心海禁开放将引发后患，表现出朱元璋的矛盾心理。

洪武三年（1370 年）泉州市舶司复设后，海禁稍微放松，兴化对外贸易开始恢复，商人多从泉州出港，前往东南亚各国经商贸易。[②] 但不久朝廷又实行“勘合”贸易制度，所有蕃货贸易均由官牙经营，兴化境内出现官设“牙行”，“牙行”设“牙官”，负责收购外贸货品。豪门巨室间有冒允牙官，采购货品乘巨舶贸易

---

① 《明太祖实录》卷四十二《罢太仓黄渡市舶司》。

② 莆田市对外经济贸易委员会：《莆田市外经贸志》，方志出版社 1995 年版，第 81 页。

海外者。[①] 据史书载，从洪武二十年起，朝廷加大海禁力度，“实施禁海政策和勘合贸易制度，兴化对外贸易几乎中断”。[②]

明代海禁政策也不是铁板一块，出现了时紧时松、时开时闭现象。如洪武四年（1371 年），朝廷下达“禁海令”，不久便有所松动，与部分国家实行勘合贸易。兴化被限定仅通琉球。洪武末年，海禁一度松懈，“沿海军民人等，近年以来，往往私自下番，交通外国”，从事海上走私贸易。明永乐二年（1404 年），朝廷允许商人搭乘郑和船队前往西洋各国经商贸易。据史书载：“在郑和下西洋的 20 余年间……许多人可以通过充当下西洋船舰的水手、官兵等方法进行搭载式的海外贸易。”[③] 由于郑和非常尊崇妈祖，每次下西洋前都要在兴化招聘一些船工水手和军士一起出海。兴化人搭乘郑和船队前往南洋、西洋的同时，也开展一些小额贸易。还有一些兴化官员，利用出使之便，携带亲属一道前往出使国经商贸易。如莆田英龙东里巷进士黄乾亨出任满剌加（今马来西亚马六甲）副使，带伯弟乾刚同往就职，从事海上贸易。[④]

成化（1465—1487）年间，朝廷一度放松海禁，兴化对外贸易逐渐恢复。如“成化八年，泉州市舶司迁徙福州后，境内通海一般贸易多转向北洋诸蕃，成化十一年，莆田县进士黄乾亨、林元甫依次被册封为满剌加副使和占城（今越南南方）使，以兼理官方贸易。隆庆元年（1567 年），允许民商出海，准贩东西洋蕃货。兴化商人多浮舟贩运货物，经台州、温州，航至朝鲜、日本、

① 莆田市地方志编纂委员会：《莆田市志》，方志出版社 2001 年版，第 1800 页。

② 莆田市对外经济贸易委员会：《莆田市外经贸志》，方志出版社 1995 年版，第 2 页。

③ 徐晓望：《福建通史》第四卷《明清》，福建人民出版社 2006 年版，第 90 页。

④ 莆田市城厢区地方志编纂委员会：《城厢区志》，中国社会科学出版社 1999 年版，第 71 页。

琉球诸国贸易。官办的牙行收购外贸货物，贩运至福州、泉州，进行勘合贸易”。[1]

明万历二十七年（1599年），朝廷恢复宁波、广州两个市舶司，海上贸易进入一个新的发展阶段。特别是神宗、思宗皇帝执政期间，海上贸易开始兴起，兴化沿海形成了秀屿、三江口、莆禧、东沁等四大对外贸易港口。明中后期，虽然还有几次禁海，但闭关时间相对较短，尤其是崇祯皇帝执政后，因财政困难，逐渐放开海禁，兴化的对外经济交流迅速扩大，兴化商人通过海上丝绸之路积极融入东亚及太平洋贸易圈。

三、海上走私

明初，海禁政策严厉，“寸板不得下海”，但海上走私贸易仍然没有间断，“其间豪右之家，往往藏匿无赖，私造巨舟，接济器食，相倚为利”，从事海上走私活动。[2] 兴化沿海岛屿众多，蕃客经常在岛上与居民私下交易，朝廷禁令鞭长莫及。特别是官商结合，海上走私屡禁不止，如洪武四年（1371年）十二月，朱元璋曾向大都督府臣诏谕：“朕以海道可通外邦，故尝禁其往来。近闻福建兴化卫指挥李兴、李春私遣人出海行贾”，“苟不禁戒，则人皆惑利而陷于刑宪矣。尔其遣人谕之，有犯者论如律。”[3]

为了遏制沿海官民勾结走私贸易，朱元璋派特使到福建巡海，严厉查办海防官兵走私活动。洪武二十年，朝廷又实施“徙福建

---

① 莆田市对外经济贸易委员会：《莆田市外经贸志》，方志出版社1995年版，第81页。

② 《明世宗实录》卷一八九。

③ 《明太祖实录》卷七十。

海洋孤山断屿之民居沿海新城，官给田耕种”的措施。[①] 兴化府“海上岛屿，若湄洲、若上竿、下黄竿，与夫南日山，宋元以来居民甚多。洪武初，以勾引蕃寇，遗祸地方，守备指挥李彝奏请迁内地，岛屿遂虚”。[②] “南日里原与福清隔海，以其远岛而弃之。故调移其民居于枋头等地”。[③] 还有黄瓜、乌丘、箬杯等岛屿的居民，也被官府迁徙内陆居住。到了洪武末年，兴化“沿海军防森严，非法走私活动稍敛”。[④]

据载：“禁海期间，沿海舶户多冒禁出海，采购货物，行货转贩外洋。”[⑤] 特别是宣德至天顺年间（1426—1464），“莆、仙民间商船的对外贸易悄然兴起。一时冒禁出海，行货转贩，市易诸夷，外通各洋，以代农贾之利，比比皆是。商民岁贩糖饴稻麦之属，浮运台泉潮，贸易为利，南匿（今南日）遂成‘澳蕃船窟’”。[⑥]

嘉靖（1522—1566）年间，东南沿海“倭寇骚扰作乱，走私活动复发，豪门巨富和府、县官吏多插手偷漏税征走私”。[⑦] 特别是万历（1573—1620）年间，官员参与走私活动非常普遍，不少兴化官兵将亲戚朋友安插在“官牙”“牙行”，假公济私，官商勾结。一些海防武职受通蕃土谷“哪哒”（走私者的别称）的“报水”，即能分到金银货物等项，值银百两以上，便私放蕃船货物出

① 刘庆：《明清（前期）浙江海防战略地位的演变》，《军事历史研究》2009年第3期。

② （明）周瑛、黄仲昭：《重刊兴化府志》，福建人民出版社2007年版，第226页。

③ （明）郭造卿：《闽中分处郡县议》，顾炎武《天下郡国利病书》第26册，第21页。

④ 莆田市地方志编纂委员会：《莆田市志》，方志出版社2001年版，第1683页。

⑤ 任放：《明清长江中下游市镇经济研究》，武汉大学出版社2003年版，第208页。

⑥ 莆田市对外经济贸易委员会：《莆田市外经贸志》，方志出版社1995年版，第2页。

⑦ 莆田市地方志编纂委员会：《莆田市志》，方志出版社2001年版，第1707页。

入，导致兴化沿海走私日趋猖獗，南日、黄竿、湄洲、乌丘等岛屿长期沦为走私窝窟和进口商品的中转站。“南日孤岛断屿，倭艚樵汲，必泊此岸，古称为贼澳船窟。”[1]

倭寇祸患期间，沿海商人勾结倭兵走私。据载：“嘉靖末，倭乱横行，武装走私猖獗，对外贸易遭到空前的破坏，消颓不振。”如“天启四年（1624年），莆田舶商洪陛参加广东海澄颜思齐海外贸易集团，多往日本及东南亚经商（走私）”。[2] 颜思齐不但组建了大型船队，而且拥有数量众多的海上武装，长期盘踞台湾和沿海各岛屿，从事海上武装走私活动。

四、通商国家与进出口商品

由于朱明政权长期实施海禁政策，民间海上贸易严重受阻，兴化府与海外各国的通商贸易出现了时通时断现象。明初，朝廷规定福建与东亚各国通航通商，兴化主要与琉球、高丽等通商贸易。但昙花一现，不久又被朝廷所禁止，仅剩下琉球一国。永乐、宣德年间，一些兴化海商跟随郑和下西洋船队出洋贸易，兴化商人与东南亚各国有少量的通商贸易，偶尔也远航到非洲东、南亚一些国家和地区通商，但规模甚小，通航次数屈指可数。明末，朝廷逐渐放开海禁，与兴化府通商通航的国家大幅增加。

（一）通商国家和地区

受明代实施海禁政策影响，兴化对外通航和通商的国家和地

① （明）林兆坷：《舟山南日说略》。

② 莆田市对外经济贸易委员会：《莆田市外经贸志》，方志出版社1995年版，第2、238页。

区略有减少。明初，朝廷复设泉州市舶司，兴化商人多由泉州出海，前往东南亚各国经商贸易。明成化（1465—1487）年间，市舶司移置福州，兴化海商主要前往东亚地区经商贸易。隆庆（1567—1572）开海后，兴化海商可以往南洋、西洋等地经商，通商和通航的国家增多。据《莆田市外经贸志》载：“明代，泉州刺桐港因航道淤积而衰废，漳州月港取代之而兴。境内商贾多经福州港口及漳州月港转口通商。通商国家和地区有日本、朝鲜、琉球、吕宋、猫里务（菲律宾布里亚斯岛）、下港（今爪哇）、美洛居（马鲁古群岛）、苏禄、柬埔寨、暹罗、旧港（古为三佛齐）、苏门答腊、大泥（今马来半岛）。”①

明中期，朝廷撤销福建市舶司，偶尔也允许民间开展海上贸易，且没有指定对外贸易港口，兴化商人可以直接从本埠港口出发，到海外各国贸易。据《莆田市外经贸志》载：“隆庆元年，（朝廷）允许民商出海，准贩东西洋蕃货。兴化商人多浮舟贩运货物，经台州、温州，航至朝鲜、日本、琉球诸国贸易。”②

明代中前期，兴化府对外通商的国家共有16个。但到了“万历二十一年（1593年），福建巡抚许孚远制定海禁条规称：行驶东、西洋的商船，岁以88艘为限。其航行地点和船只分配‘船引’以次为”，“即以今婆罗洲为界，婆罗洲以东称东洋，以西称西洋”。③ 兴化商人能够领到“船引”者甚少，对外贸易严重萎缩，通商国家和地区大幅减少。

明末，海禁全面开放，兴化海商积极开展海上贸易，兴化通

①② 莆田市对外经济贸易委员会：《莆田市外经贸志》，方志出版社1995年版，第82页。

③ 莆田市对外经济贸易委员会：《莆田市外经贸志》，方志出版社1995年版，第2页。

航通商的国家增多，主要有琉球、日本、高丽、越南、泰国、吕宋、菲律宾、爪哇、马鲁古群岛、苏禄、柬埔寨、三佛齐、苏门答腊、大泥等马来半岛及印度洋岛屿等地，有 20 多个国家和地区。兴化商船已经远航非洲的红海和非洲西海岸，以及南美洲和北美洲，环球贸易已将东西两半球连在一起。

（二）进出口商品

明代，兴化进口商品繁杂，主要有珍珠、胡椒、犀角、玳瑁、象牙、槟榔、木棉、葛布、药材、沉香、檀香，以及番薯、落花生、烟草、玉蜀黍、宝石、肉豆蔻、香料、香木、番米、绿豆、西红柿等。

出口商品以农产品为主，手工业品为辅。主要以土特产为大宗。纺织品有青布、印花布；生活用品主要有草席、纸伞、土烟、土纸、瓷器、铁锅；食用品有荔枝干果、桂圆干果、橄榄、海盐、蔗糖、烟丝、白酒、蜜枣、大米、兴化米粉、粉干、小麦等。①

陶瓷器皿也是明代海上贸易的重要物资。据史书载："仙游万善里（今度尾）潭边有青瓷窑，烧造器皿颇佳。及本县北洋澄林有瓷窑，烧粗碗碟；南洋濑溪有瓷窑，烧酒缸、花盆等器。"② 兴化陶瓷产品除了本地销售外，还大量销往海外各国。

明中后期，兴化境内大宗的出口货物有荔枝、桂圆等干果和纺织品及蔗糖等，对外贸易形式仍以易货交换为主，但也有一些兴化商人在东南亚各国创办商店，自营进出口商品。

① 莆田市对外经济贸易委员会：《莆田市外经贸志》，方志出版社 1995 年版，第 26、27 页。

② （明）周瑛、黄仲昭：《重刊兴化府志》，福建人民出版社 2007 年版，第 337 页。

第三节　明代兴化海上人员往来与文化交流

兴化历来为河洛移民的中转站，百姓移民倾向比较浓厚，境内人口流动性大。从南宋起，境内人多地少矛盾日益突出、粮食短缺问题凸显，百姓为谋求更好的生存环境，开始逐渐向外移民，主要移居地有潮汕、广州、海南等。元代，民族歧视政策严重，境内生存环境不佳，兴化百姓陆续向海外各国移民，主要侨居国有日本、朝鲜半岛等东亚地区，以及越南、菲律宾、马来西亚、印度尼西亚等国。进入明代之后，境内掀起海外移民热潮，促进了人员往来与文化交流的发展。

一、海上移民

进入明代后，一些兴化商人为了方便海上贸易开展，开始在海外各国长期定居，移民方式有个人零星移民，也有官方组织的大批移民，从而形成了兴化民众海外移民的第一次高潮。

明初，海上丝绸之路的人员往来日渐频繁，不少兴化商人开始沿着海路远离故土。据《明史》载："华人既多诣吕宋，往往久住不归，名为'压冬'；聚居'涧内'为生活，渐至数万。"其中有不少兴化人。[①] 《城厢区志》亦载："明洪武元年至永乐元年(1368—1398)，境内陈、黄、蔡、许、李、王、林诸氏人丁多有

① 《东西洋考》卷五《吕宋（考）》。

移居海外东南亚各国，以经商或手艺谋生。以后，陆续有人外出打工、经商。”海外移民渐多。[①]

官方也曾组织民众向海外移民，如明洪武（1368—1398）年间，为了帮助琉球王国经济建设，促进海上贸易顺利开展，朝廷诏令闽人三十六姓移居琉球。据史书载，莆田东沙镇的蔡崇二，曾于明洪武二十五年出使中山国（琉球），居唐营，俗称久米村，成为蔡氏入琉元祖。[②] 又如莆田玉湖陈氏 12 世孙陈康就是当时移居琉球。还有永乐（1403—1424）初，莆田林氏家族也有人前往暹罗（泰国）经商谋生，后定居海外。[③] 另外，“明代境内贾民往菲律宾经商，有不少人定居菲律宾。举凡水木建筑、农事耕犁、衣服鞋履制作工艺多传授给菲律宾人”。[④]

一些兴化士人奉旨出使时也携带亲属或朋友出境。据《城厢区志》载，明成祖（1403—1424）年间，莆田进士黄乾亨出任满剌加副使时便带伯弟乾刚同往。后来，在黄乾亨和黄乾刚的引领下，莆田同乡陆续前往马六甲经商，主要从事农业开发和海洋捕捞，有不少人后来定居马来西亚，成为明代海上丝绸之路的开拓者。特别是永乐三年（1405 年）至宣德六年（1431 年），郑和船队下西洋经湄洲时，境内卫所船工舵手、水军将士，（兴化人）多有随船赴西洋诸国寄居。[⑤] 宣德（1426—1435）年间，也有不少兴化商人沿着郑和下西洋航路前往东南亚各国经商或定居，成为

---

① 莆田市城厢区地方志编纂委员会：《城厢区志》，中国社会科学出版社 1999 年版，第 188 页。

② 莆阳蔡氏宗谱编委会：《莆阳蔡氏宗谱》，鹭江出版社 2010 年版，第 121 页。

③ 杨力、叶小敦：《东南亚的福建人》，福建人民出版社 1993 年版，第 20 页。

④ 莆田市对外经济贸易委员会：《莆田市外经贸志》，方志出版社 1995 年版，第 99 页。

⑤ 蔡玉兰：《风雨沧桑故园情》，中国文史出版社 2005 年版，第 2 页。

早期的海外兴化侨民。成化十一年（1475 年），莆田县进士林元甫被册封为占城使时，也携带乡亲前往出使国经商贸易，后来定居东南亚各国。

隆庆（1567—1572）开海后，定居海外的兴化商人日渐增多。特别是明中后期，天灾人祸、兵乱频仍，不少人被迫漂洋过海谋生。如莆田县（现秀屿区埭头镇）鹅头村的百姓，从明中期起，互相提携引荐，前往印度尼西亚、马来西亚等国谋生，现海外华侨达 2000 多人，而家乡人口只有 1000 多。

明代，前往台湾岛内经商或定居的兴化人也不少。莆台一衣带水，早在北宋时莆台两地就有经济交流和人员往来。元代，兴化陆续有人到台湾经商贸易，并在岛内定居。进入明代后，随着海上交通工具的日益改善，两岸人员往来更加方便，前往台湾岛内经商或定居的兴化人日渐增多。如天启（1621—1627）年间，莆人蔡文举渡海抵达台湾，先在台南市设立慎德堂，后居高雄县冈镇，为蔡氏最早入台者，现蔡氏发展为岛内第八大姓。还有延寿村徐氏家族，“迁徙台湾的有十八世徐应月，三十世徐君赐之子徐祖、徐功，三十一世徐光彩的次子徐宗、三子徐悦、四子徐山”等，定居台湾“新庄市、板桥市、台北市松山区与大安区、苗粟市及桃园县、新竹县等地”，主要从事商业经营、农业开发和海洋捕捞。[①] 同时，还有不少兴化百姓跟随郑和下西洋船队出洋，途经台湾时发现岛内气候良好，生存环境较佳，后来也陆续定居岛内。据载，明朝初年，三保太监郑和率船队七下西洋，多次到湄洲祖庙朝拜妈祖，并在台湾南部“汲水”，从此开通了莆田至台湾的航线，兴化府百姓往台湾的也因此而增加。台湾屏东县万丹的

① 莆田市地方志编纂委员会：《莆田市姓氏志》，方志出版社 2010 年版，第 231 页。

兴全里、兴安里，原名兴化廊，是兴化人最早移台的地方。廊即煮糖的工场，明郑时莆仙移民在这些地方煮蔗产糖。莆田的吉了村（今梯吴村）以渔航为主，明代已有很多人到台湾作业定居。①《荷兰史料》亦载，万历（1573—1620）年间，鹿港地域的汉人已有自己的村落……鹿港有一条莆田街，住着数百兴化人，其中陈姓人很多。这些人不会讲莆田话，却牢牢记住自己是“莆田人”。他们是明代去台定居的莆田人。……台湾《林氏大家谱》也记载：嘉靖至万历年间（1522—1620），仅福建林氏入台便有一万多人，其中台北市重庆路林氏宗祠收藏的全国126种《林氏宗谱》中。最早的是万历三十五年和天启七年，均来自莆田。②

明代，海外兴化移民绝大多数为贫苦农民。他们流徙海外后，大多从事或担任种植、捕捞、养殖、泥匠、矿工、筑路工、人力车工、裁缝、制鞋、石匠、雕刻等。兴化人吃苦耐劳，善于经营，生活日渐富裕，有些人后来发家致富，创办实业，需要工人，便从家乡陆续引荐亲戚朋友出境，使海外各国的兴化侨民越来越多。

前往东南亚各国的兴化移民，开始只是个别人出去，或几个同乡结伴同行，站稳脚跟之后，立即引携亲朋好友出去，逐渐形成了海外兴化人居住的村落，且大多数是同姓同宗集居。如仙游华侨主要集中在印度尼西亚地区，莆田沿海渔民又大多定居马来西亚的沙捞越地区，莆田江口人先到新加坡，后移居马来西亚、泰国等地。

明代，海外兴化华侨大多是“一地一业”或“一村一行”。如开荒种植、海洋捕捞、矿山开采、木雕、石雕等。且通常为一个地方或一个村庄的兴化人经营一个行业。这种以地域为核心的商

①② 陈光荣：《寻根揽胜兴化府》，海风出版社2000年版，第37页。

人队伍结构，对海外兴化商帮的发展起到了积极的促进作用。

二、文化交流

明代，随着海上贸易的不断发展，兴化商人脚步越走越远，海上丝绸之路的人员往来日渐频繁，文化交流不断扩大。他们把家乡的传统习俗、文化艺术和民间信仰等带到了侨居地。诸如兴化文人墨客的文学作品、兴化戏剧，以及佛教、道教、明教、三一教等宗教文化和陈靖姑、妈祖等民间信仰，都成为海上丝绸之路文化交流的重要内容。

明代，兴化戏剧伴随着海商足迹开始向海外各国传播。据姚旅的《露书》载："琉球国居常所演戏文，则闽子弟为多。其宫眷喜闻华音，每作，辄从帘中窥。宴天使、长史恒跽请典雅题目，如《拜月》《西厢》《买胭脂》之类皆不演；即《岳武穆破金》《班定远破虏》，亦以为嫌；唯《姜诗》《王祥》《荆钗》之属，则所常演，每啧啧羡华人之节焉。"[①]《露书》中所提的8个兴化戏传奇剧目，是明代兴化戏盛演的剧目，随着闽人三十六姓流传到琉球王国。

明代使臣出海之前一定要到南京天妃庙祭拜妈祖，"封舟"上专门设有供奉妈祖的神龛，"长一十五丈，阔二丈六尺，深一丈三尺，分为二十三舱……舟后作黄屋二层，上安诏敕，尊君命也；中供天妃，顺民心也"，并配有专职"香公"，朝夕焚香祭拜，祈求妈祖保佑航行安全。[②] 使船到达目的地时，先由正使恭请妈祖神像登岸，其他人员跟随其后。妈祖分灵上岸后，安放在当地宫

① （明）姚旅：《露书》卷九《风篇·中》。
② （明）陈侃：《使琉球录》，台湾文献丛刊第287种。

庙中，供当地官民共同祭拜与瞻仰。外事活动结束后，使臣也要先迎请妈祖神像登船，然后扬帆起航，顺利返朝。据史书统计，明代出使东南亚各国的外交活动多达36次，使臣在海上遇风祈求妈祖保佑而脱险者有18次，可见明朝及其使臣对妈祖信仰之尊崇程度。

明朝廷还积极倡导使臣向海外各国传播妈祖信仰。明初，朱元璋大力弘扬妈祖的“护海之功”，诏令所有封舟必须供奉天妃神像，并形成惯例。朱棣执政后还明确提出将妈祖信仰“宣教化于海外诸番国，导以礼义，变其夷习”。[①] 这种以国家名义推动海外妈祖信仰传播的做法，在中国古代历史上尚属首次，使妈祖文化在海外各国的影响力迅速扩大。特别永乐三年至宣德八年（1405—1433）的20多年间，郑和率朝廷船队七下西洋，“大小凡三十余国，涉沧溟十万余里”，由于海上险象环生，天有不测风云，下西洋官兵只好将航海安全寄托于神灵保佑，“神在无所惧，故之周流岛国，道无不通耳”。[②] 郑和始终将航海外交成绩记在妈祖身上，即“诚荷朝廷威福之致，尤赖天妃之神保佑之德也”。[③] 据《湄洲屿志略》载，永乐七年，郑和曾两度前往湄洲宣读圣旨，祭祀妈祖。在朝廷和郑和的大力推崇下，“自永乐三年成祖派郑和下西洋以后，妈祖就从中国走向世界”。[④]

明代，海外妈祖信仰传播的一个重要形式就是在侨居地创建妈祖庙。明初，闽人三十六姓移民琉球王国时，将妈祖信仰带到了琉球境内，并“先后创建了两座妈祖行宫，其中一座在华裔聚

① 李福君：《明嘉靖朝征安南之役述评》，《天津师范大学学报》1997年第2期。

② 印度尼西亚兴安同乡会：《福莆仙乡贤人物志》，印度尼西亚福莆仙文化出版社1990年版，第37页。

③ （明）王景弘：《天妃灵应之记碑》。

④ 马来西亚兴安同乡会：《福莆仙乡贤人物志》，马来西亚福莆仙文化出版社1990年版，第478页。

居的久米村，称‘上天妃宫’。另一座在琉球首邑那霸，名‘下天妃宫’，琉球国王尚巴质所建，这是有年代可考的最早的外国妈祖行宫”。[①] 同时，明使臣对妈祖的尊崇与虔诚，深刻地影响着琉球王国的官民，琉球王国使臣也学习明朝使臣的做法，在使船上供奉妈祖神像。国王还专门下旨：“自贡船开船之日起至第七日，上至大夫下至年轻秀才，都必须参拜两天妃宫”，“自第七日至贡船回归本国为止，每日大夫以下的年轻秀士与乡官士们都要轮流诣庙参拜。”这使妈祖信仰在琉球王国广泛传播与传承。

明代朝鲜境内妈祖信仰更加广泛流行。据朝鲜史料记载，高丽使臣郑梦周（1337—1392），庆州人，进士，官至门下侍中（首相），留有诗集《圃隐集》。他从洪武五年至二十年（1372—1387）先后4次出使明朝。洪武十七年三月十九日渡海投宿登州时，还留下《沙门岛》一诗：“神女祠何处，沙门海上岑。戎车连鹤野，贡道接鸡林。利涉由灵贶，徽封自圣心。泊舟来酌酒，稽首冀来歆。”诗中充分表达了朝鲜使臣对妈祖的虔诚之情。还有明万历二十六年（1598年），朝鲜发生“丁酉再乱”，请求明朝派兵支援，朝廷派陈璘、季金率兵入朝，官兵们在朝鲜境内创建了一座庙宇，兼祀海神妈祖。据韩国学者研究，明代朝鲜境内的妈祖信仰，不限于渔业领域，而成为沟通渔村、农村和山村民众的一种感情纽带。妈祖神威在朝鲜民众心目中日渐提高，从海上守护神逐渐发展为万能之神。

日本境内出现了多座妈祖庙。据史书载，明初，前往日本“长崎的唐人，号为船菩萨，第一是妈祖，也号‘姥妈’”。[②] 明中

---

① 马来西亚兴安同乡会：《福莆仙乡贤人物志》，马来西亚福莆仙文化出版社1990年版。

② 日本《华夷通商考》卷二。

后期，福建与日本长崎港通航，海上贸易兴起，有些华人开始定居日本长崎，事业有成之后，便在长崎创建庙宇。如泉州寺，又名紫山福济寺，由闽南商帮于崇祯元年（1628年）捐建，内设妈祖堂，供奉湄洲妈祖神像。福州寺，又名圣寿山崇福寺，明崇祯二年由福州商帮捐建，里面也供奉妈祖神像。明末，日本境内妈祖信仰“传播路线是沿九州岛北上到日本本州岛各地。根据相关报道，在日本的萨摩半岛、鹿儿岛的片浦港、长崎、平户、岐阜市、茨城县的矶原、珂奏，甚至在本州岛最北部的青森县都有妈祖庙”。①

越南境内也有妈祖信仰。元末明初，一些农民在中越边界创建“明教”组织，其中有不少教徒信仰妈祖，便把妈祖信仰带到了越南。郑和下西洋期间，中越经济文化交流和人员往来日渐频繁，妈祖信仰便在越南境内逐渐传播开来，越南延福县境内出现了第一座“婆庙”，其中供奉着妈祖神像。到了明中期，越南境内妈祖信仰日渐广泛，并不局限于华人，也有当地民众。特别是越南沿海岛屿的渔民，对妈祖非常尊崇。据天启六年（1626年）的越南会安生胎娘娘庙碑刻记载，庙后有“锦霞”“海平”二宫，“锦霞居其左也，祀保生大帝，以封神三十六将配焉。海平居其右，祀天后圣母，以仙胎十二娘配焉。基址既宏，规模更古，南来创立之先”。② 明末，朝廷开放海禁，海上贸易兴起，闽粤两省商人购置帆船，满载货物，乘风破浪，远渡重洋前往越南境内经商贸易。当时商船简陋，海难事故频发，广大海商只好祈求妈祖保佑，每艘商船都供有阿婆（即妈祖），奉妈祖为海上保护神，早

① 童家洲：《日本华侨的妈祖信仰及新、马的比较研究》，《华人华侨历史研究》1990年第4期。

② 蒋维锬：《历代妈祖封敕综考》，《妈祖研究学报》2008年第3期。

晚焚香祭拜，非常虔诚。由于古代海船依靠季风航行，通常是乘北风启程，借南风返回，风向恰好与东南亚航线相反。故商船要在越南境内逗留数月，等待季风来临方能返程。于是，商人们便倡议创建会馆作为商人歇脚、栖身之所，采取“值两抽分”方式筹集资金，商人会馆与天妃庙合二为一，一举两用，从而使妈祖信仰在越南境内传播并传承下来。

菲律宾境内也有妈祖庙，境内最早的妈祖庙为描东牙示省达亚社（Taal. Ba-tangas）天上圣母宫，创建于隆庆六年（1572年），由旅菲闽人捐建。同时，菲律宾的《天主教寺院历史》也记载有妈祖信仰的故事。传说万历三十九年（1611 年），有个叫范马的渔夫，从达社仙俞谢的拜斯毕河上捞起一尊约 6 寸高的木雕神像，消息传开后，居民们纷纷前来参观膜拜。渔夫为避免接待麻烦，便把神像寄放在一位官员的孀妇家中，不料神像却经常自然失踪又返回原处（第一次发现神像的地方）。此奇迹传到当地教堂的神父那里。神父为探知究竟，就领着村民日夜守护在神龛前，谁知半夜里，在众目睽睽下神像不见了，继而大家听到十分明朗的声音：“我要回到最初发现我的地方去。”于是村民们只好在原来的河边盖一座小庙，供奉这位女神。这位女神就是妈祖。此后，妈祖信仰在菲律宾境内广泛流传。

明代，妈祖信仰已经传播到马来西亚和印度尼西亚境内。早在 15 世纪，马来西亚境内就有华人入境的记录。郑和下西洋时曾 5 次抵达马六甲，多次在马来西亚半岛东海岸吉兰丹和登家楼地区，以及马来西亚东部的沙捞越和沙巴等沿海港口汲水与休整，并将妈祖信仰传播到境内。马来西亚境内最早的华人庙宇为马六甲青云亭，创建于明隆庆元年，亭中主祀观音，兼奉妈祖。还有印度尼西亚雅加达的金德院，创建于永历四年（1650 年），为印

度尼西亚境内最早的妈祖庙，庙里也主祀观音，兼祀妈祖。[①]

明代，妈祖信仰已经通过海上丝绸之路传播到非洲。据《郑和碑》载：下西洋舰队曾到达“木骨都束国”（现为索马里共和国首都），它位于非洲之角，是明朝最远的邦交国。郑和所到之处，也是妈祖信仰传播之地，故妈祖信仰在非洲的传播至少始于明永乐年间。

明永乐（1403—1424）年间，随着郑和下西洋海上外交活动的日渐拓展，西方基督教通过海上丝绸之路传入东南沿海地区。据史书载，明永乐年间，罗马天主教神父在莆田境内传教，为了培养基督教徒，出资43000元购买了涵江塘北山陈家房屋和空地，创建莆田境内第一座天主教堂，亦称“圣母堂”。此处至今尚存一块“奉旨建堂”的石刻。嘉靖皇帝执政后，朝廷放宽宗教政策，基督教传播开始扩大。特别是隆庆开海后，海上贸易不断发展，西方基督教徒沿海上丝绸之路陆续进入中国沿海，福建沿海基督教传教士迅速增多。

明末，欧洲国家为了推销本国商品，掠夺经济落后国家的资源和劳动力，将殖民地政策推广到印度、马六甲海峡、马来西亚和印度洋各岛国。当时朱明政权因财政困难而开放海禁，漳州月港成为对外开放港口，伴随着白银和海盗而来的西方传教士，大摇大摆地踏进了国门，在沿海地区传播西方基督教。据史书载，明末，意大利籍传教士艾儒略进入福建境内传播天主教，并在莆田发展了一批教徒。到了明末，西方天主教在兴化境内继续流行，教徒队伍增多。据崇祯五年（1632年）统计，艾儒略先后在莆田境内洗礼了教徒107人。

① 李卓辉：《金德院与印华文化史》，雅加达联通书局2003年版。

第五章

清代兴化海洋经济文化发展与海上丝路拓展

清初，朝廷实施海禁，海上贸易全部停顿，兴化沿海港口经济萧条。康熙十二年（1673 年），福建总督范承谟曾向朝廷奏曰："闽人活计，非耕则渔，一自迁界以来，民田废弃二万余顷，亏减正供，约计有二十余万之多，以致赋税日缺，国用不足，而沿海之庐舍畎亩化为斥卤，老弱妇子辗转沟壑、逃亡四方者，不计其数，所余孑遗，无业可安，无生可求，颠沛流离，至此已极。"[①] 虽然是从赋税角度反映问题，但从中可看出海禁对沿海经济破坏之严重。直到康熙末年，朝廷才逐渐开放海禁，允许民间从事海上贸易，海上贸易得到了恢复与发展。鸦片战争后，五口通商，海上贸易再度繁荣，兴化对外经济交流迅速扩大。

① 范承谟：《条陈闽省利害疏》，见《皇朝经世文编》卷八十四。

第一节　清代兴化对外贸易的曲折发展

清初，朝廷实施划界迁民政策，莆仙两县出现“谋生无策，丐食无门，卖身无价，辗转待毙，惨不忍言”的景况。[①] “秀屿在从前富甲莆阳。拥有四百余只海船。商业利润，每年不下二十万两。迁界令下，秀屿化为焦土!”[②] “从前的枫亭驿，荔子万株，绿荫蔽日，商人赚了很多钱，食膏粱，衣文绣。迁界期间，荔枝都砍光了，那些商人都不晓得逃往哪里去了。”[③] 之前“莆田、福清、惠安三县，在明季都有远航的渔船，多至几百只，……迁界期间寸板不得下海，渔业停顿有二十余年”。[④] 往日海市热闹的贤良港和吉了港，只剩下残垣废墟。清中后期，海禁逐渐放松，兴化对外贸易开始恢复与发展。

一、海上贸易曲折发展

康熙二十年（1681 年），郑氏降清后，朝廷诏令复界，开放海禁，但沿海划界时间太久，对外经济交流恢复非常困难，加之兴化海商资金严重短缺，根本无力建造航海大船，只能依靠借贷和集资。据《苏氏族谱》载：“振泉公于康熙时，造船二只，俱三

① 莆田市对外经济贸易委员会：《莆田市外经贸志》，方志出版社 1995 年版，第 2 页。

② 《鳌城刘氏族谱·秀屿志略》。

③ 枫亭镇人民政府：《枫亭志》，方志出版社 1999 年版，第 458 页。

④ 朱维幹：《福建史稿》（下册），福建教育出版社 1985 年版，第 408 页。

千篓。”随后，“又造三千篓新洋船一只，向亲友各字号赊借货物，自己装载，运往天津地方”。[①] 加上朝廷仍对海上贸易严加管制，商船出海必须申请具保、核准、领取执照和凭照出入境等，手续烦琐。同时，朝廷还规定“海船也不得竖立双桅，出海船只限单桅500石以下，且以前逗留的外洋之人，不准回籍”等。另外，朝廷还实施歧视海商政策，视海商者为“自弃王化”“弃农经商”之徒，属于“本应正法之人”。康熙五十六年（1717年）规定：“南洋、吕宋、噶喇吧等处，不许前往贸易。”并严令已在南洋一带出海的商民，限3年内回国，否则不得复归故土。[②] 迫于朝廷政策压力，海外兴化商人纷纷返回家乡，有些商人则举家迁徙海外定居。

雍正执政后，听取福州巡抚建议于雍正五年（1727年）有条件地解除海禁，允许沿海商人前往南洋易货，当时莆田有人驾驶帆船至越南、缅甸等东南亚地区进行贸易。“台湾海船，多漳、泉海商，贸易于兴化，则载杉板、砖瓦出口”。[③] 特别是雍正七年后，进出境船舶被指定由兴化湾的三江口港、涵江港、江口港航道入境内停泊，莆田对外贸易迅速兴起。

雍正年间，朝廷将福州、厦门、泉州、三都澳和三江口开辟为对外通商口岸，并在涵江设立海关分支机构，莆田对外经济交流不断扩大。但只限单桅500石以下海船出海，违者一律发边充军。随后，虽允许双桅海船出海，但又规定梁头不得超过1丈8尺，舵手人数不得超过28名等。同时，还规定只能商民自己建造

① 范金民：《清代前期福建商人的沿海北艚贸易》，《闽台文化研究》2013年第2期。

② 莆田市对外经济贸易委员会：《莆田市外经贸志》，方志出版社1995年版，第6页。

③ （清）黄叔璥：《台海使槎录》卷二。

商船，且须经海关监督及地方官核准后方可出海，并严禁商人租船，或从海外造船带回国等。[①]

清朝中前期，朝廷海禁政策时紧时松，海关时开时闭。如乾隆十九年（1754年），朝廷取消了“其从前逗留南洋之人不准回原籍”的禁令，但乾隆二十二年又停止了多口贸易，转入闭关主义的单口贸易。进口货物由朝廷特许的商行包揽，实行官方垄断，并关闭了厦门、宁波、上海等海关，仅保留广州海关，海上贸易受阻。

迄道光十五年（1835年），朝廷相继颁定《防夷五事》（1760年）、《民夷交易章程》（1809年）、《防范夷人章程》（1831年）和《防范夷人规程》（1835年），进一步强化了朝廷对外经贸垄断的管理体制，海上贸易受到严厉管制。朝廷“半开半禁”“时开时禁”的海关政策，导致沿海对外经济交流时起时落、时盛时衰，而海上走私贸易却始终活跃。

从19世纪40年代起，西方列强采用坚船利炮打开中华国门，清廷被迫签订了一系列不平等条约，开放了广州、厦门、福州、宁波、上海等通商口岸。兴化府地处厦门、福州两港口之间，具有得天独厚的港口条件优势，自然成为洋货倾销的重点地区。据载：“洋货从福州、厦门倾销兴化市场，涵江成为莆田、仙游、惠北、福清南部的商贸中心，‘三里长街，街港相通，商户鳞次栉比’。”[②]

清光绪之前，兴化海商全部采用传统的木帆船，载重量一般为200～500担（每担50千克）之间。由于交通工具简陋和航海设备落后，海上运输规模的扩大和对外贸易的发展受到限制。清

① 莆田市对外经济贸易委员会：《莆田市外经贸志》，方志出版社1995年版，第108页。

② 莆田市地方志编纂委员会：《莆田市志》，方志出版社2001年版，第1931页。

末，近代机械轮船问世之后，兴化航运业开始崛起。“光绪二十二年（1896年），商人租用日本‘纪摄丸’号轮进三江口港装卸货物”，拉开了兴化近代轮船海运的历史序幕。“纪摄丸”号是日籍货轮，由涵江商人陈镜鸿承租，航行于涵江至上海航线，主要运输兴化土特产。随后，兴化商人纷纷效仿，开始购置轮船，如光绪三十二年，涵江民营的第一艘轮船“涵江”号航行于涵江到福州、宁波之间。①

清末，原来经营木帆船的兴化海商大多转为经营近代轮船，有些商人租用英国货船，有的海商租用美国轮船，还有一些兴化商人同外国轮船公司合资经营航运业务，境内航运业出现了蓬勃发展态势。而随着轮船运输业的兴起，舶来品从上海、福州、厦门、台湾、香港等地蜂拥进入境内市场。进口商品以生活用品、五金制品为大宗，出口以土特产品为大宗。三江口港运输日益昌盛，莆田南北洋平原盛产的大米及近邻出产的花生、黄麻等，通过涵江中转运销省内外。来自东北的大豆、豆饼亦源源汇集于涵江，使涵江成为农业生产资料及生活资料交易中心。特别是光绪末到宣统年间，西方各国工业品大量倾销福建沿海地区，海上贸易蓬勃发展，兴化对外交流迅速扩大。

二、进出口商品

清代，兴化境内进口商品比较繁杂，既有化工、肥田粉等生产资料，也有钢筋、洋灰（水泥）、洋钉等建筑材料，还有医疗器械、纺织机器、机械设备等。据《福建省志·商业志》载，兴化

---

① 莆田县地方志编纂委员会：《莆田县志》，中华书局1995年版，第350页。

“当地富商，凭借本地食糖、桂圆干等土特产，发挥三江口、枫亭港口的海上运输优势，与江南一带进行大规模的贸易。同时，也开展对台贸易，输出农产品有食糖、桂圆干及土布、土烟、陶瓷、青靛等，输入品种有大米、棉布、苏广百货、药材等。鸦片战争爆发后，以英国为首的鸦片、吗啡、煤油、火柴、棉布、棉纱、针织、肥田粉等外国商品大量倾销莆田”。①

（一）进口商品

清代，兴化境内进口商品种类繁多，但不同时期差异较大。清初，进口商品以农产品和农作物居多，主要有大米、凤梨、番樣、番木瓜、番石榴、香蕉、荷兰豆、台湾芋、月下香、番鸭，其中农产品以大米进口为大宗，货物多由台湾输入，农作物品种主要从日本、东南亚各国进口。

清中前期，国内市场需求发生了变化，境内进口的商品结构也发生了变化，珠宝、香货等高级消费品减少，药材和日用品增加。药材有洋药、肉豆蔻、冰片、燕窝、荜拔、槟榔、白豆、血碣、孩儿茶、鹿角、石花等；日用品有毕布、暹罗红纱、土丝布、西洋布、东京乌布、番纸、嘉文席、香藤席、番镜、漆、番锡、乌木、紫檀、番铜鼓、白琉璃盏、琉璃瓶等；食品有番米、虾米、绿豆、西红柿等。②

清中期，兴化百姓引进了一批农作物新品种，如耐瘠耐寒的马铃薯，原产地为印度尼西亚，系茄科草本植物，“肉松而色黄，味同甘薯”，种植成功后成为兴化百姓的主粮之一。同时，外国传

① 福建省地方志编纂委员会：《福建省志·商业志》，方志出版社1999年版，第127页。

② 莆田市对外经济贸易委员会：《莆田市外经贸志》，方志出版社1995年版，第26页。

教士也夹带一些植物进口，如白马红树、法国梧桐树、菠萝、西瓜等，在兴化境内种植推广。

同治（1862—1874）年间，进口的生活用品有火柴、炼乳、哈德门香烟、正哔机、华达呢、印度绸等。鸦片战争后，有洋药（含有鸦片）、赌具、五金制品、肥皂、烧碱、水泥、钢筋、纸烟、煤油、小麦、理化教学仪器、西医器械，还有美国的派克钢笔、玻璃、纤维、皮带、炼乳、软垫，日本的豆饼、针织品、布匹、火柴、汽油等进口。[①] 光绪后，有西医术、香药（鸦片）、铅字印刷术、罗马文字传入。清末，还有农业化肥施作技术传入。[②] 其中最大宗的进口商品为化工产品，如美国产的“美孚牌”“亚细亚牌”“德士古牌”“鹰标牌”煤油，英国产的“僧帽牌”煤油，以及美国、英国产的肥田粉和日本产的人丹、眼药、肥皂、玻璃和汽油、柴油等。

清末，“大米进口逐渐增加……成为最大宗的进口商品”。[③] 化工产品和轻工产品进口规模甚大，主要有肥田粉、煤油、火柴、洋纱、洋布、糖果、香料、肥皂、玻璃、洋灰、钢筋、洋钉、自行车，以及印刷、纺织、碾米、车床、电机、电力等机械设备，甚至还有近代轮船等。

宣统（1909—1911）年间，兴化境内还进口大型制糖机械设备及技术。据载，五口通商后，洋糖大量输入，福建境内传统制糖业遭到严重冲击。光绪十一年（1885 年），洋务派代表人物左宗棠奏请朝廷在福建试办糖厂。他在奏折中说：“据称洋人煮糖之

① 莆田市对外经济贸易委员会：《莆田市外经贸志》，方志出版社 1995 年版，第 26 页。

② 莆田市地方志编纂委员会：《莆田市志》，方志出版社 2001 年版，第 1899 页。

③ 仙游县地方志编纂委员会：《仙游县志》，方志出版社 1995 年版，第 496 页。

法精于中国，出糖之数加多一二倍。由红提白之法，中国亦可自行，不夺民间固有之利，收回洋人夺去之利，更尽民间未尽之利。”左宗棠建议朝廷“先派熟知糖务之员，亲赴美国产糖之区参观做法，购小厂机器，兼雇洋工数名来华试制”，若“着有成效，即行扩充。不唯内地各口可以一律照办”。[①] 但没能得到朝廷采纳，境内传统制糖业在外国机制糖的冲击下纷纷倒闭。宣统（1909—1911）年间，南洋侨商开始筹资购置进口制糖设备，先后在香港、汕头等地创办糖厂。机械制糖由于效率高、成本低、品质好，迅速占领了沿海各省的蔗糖市场。宣统元年，南洋华侨郭祯祥兄弟筹资45万元，在漳州成立华祥制糖公司，随后在福州南台、同安水头、海澄浒城和龙溪田边等地创建了几座小型糖厂。宣统二年，华祥制糖公司筹资50万元，引进一套外国先进制糖设备，在仙游创办“华洋糖厂”，年产蔗糖20～30吨，为福建境内规模最大的机械糖厂。

（二）出口商品

清初，兴化境内出口商品仍以农产品和纺织品为主。康熙（1662—1722）年间，兴化出口商品主要有土布、花生、烟草、桂圆干果、蜜枣、茶叶、兴化米粉、蔗糖，以桂圆干果为大宗。乾隆（1736—1795）年间，境内出口产品有粗制蚊香、桂圆干果、杨梅干果、迷信纸、布鞋、粗（医）药材、木盆、土白布、夏布、长边纸、草纸、棺材板等。进入19世纪后，国外市场开始发生变化，出口产品结构出现了调整，如光绪（1875—1908）年间，出口产品主要有桂圆干、咸橄榄、粗瓷器、竹梳、松木等。

鸦片战争以后，受洋货倾销的冲击，兴化境内的蔗糖、土烟

① 《左宗棠全集》第十一册《奏稿》（十一）卷六十三，上海书店1986年版，第9802—9812页。

出口时起时伏；桂圆、荔枝、蜜枣等干鲜果和茶叶、冰糖的外销仍保持稳定。同时，还有木材、砖瓦等建筑材料出口。值得一提的是，光绪二十九年，美国传教士蒲鲁士夹带荔枝苗 2 株和桂圆苗 2 株回国种植。荔枝苗培植成活，数年后开花结果，被称为“蒲氏荔枝”。据载，兴化荔枝先在美国佛罗里达州种植成功后，又传到巴西、古巴等国，被誉为“果中皇后”。另外，清代莆仙两县还有艺术品出口，如仙游名人国画、木雕工艺品等少量工艺品初涉日本和东南亚各国。

三、通商的国家和地区

清代，兴化府通商的国家和地区比明代增多。清初，兴化对外经济交流须经福州、厦门、潮州、汕头、香港等地进行转口贸易，通商通航的国家和地区相对较少，主要有琉球、朝鲜和南洋诸国。

清中期，与兴化府通商通航的国家和地区日渐增多，主要有琉球、日本、高丽、苏禄、文莱、安南、占城、柬埔寨、丁机宜、大昆、柔佛、暹罗、赤仔、麻仔、旧港、噶喇巴、马辰、新加坡、爪哇、婆罗洲等。

雍正五年（1727 年），清廷兵部议称：“闽省福州、兴化、漳州、泉州、汀州五府，唯开洋一项，均有裨益，查外国（东南亚诸国）皆产米之地，见今外国之船，许至中国，应复开洋禁，以惠商民。”[①] 随着朝廷海禁政策的逐渐放开，兴化对外贸易不断扩大，通商的国家和地区日渐增多。

---

① 莆田市对外经济贸易委员会：《莆田市外经贸志》，方志出版社 1995 年版，第 34 页。

鸦片战争后，厦门港成为境内通九泽之番邦的重要口岸，闽省各府商旅多由厦门港出洋。在福州、厦门两个通商口岸的带动下，兴化府通商的国家和地区继续增多，但通航的国家却大幅减少，主要原因是近代轮船崛起之后，海上航运成本大幅度下降，英、美、日等国轮船一艘可抵好几艘木帆船，传统的木帆船航运逐渐退出历史舞台，只在近海地区进行短途运输。

光绪二十二年（1896 年），（兴化）商人雇用日本“纪摄丸”号轮船，航泊三江口港。当时外国发达资本主义国家多在厦门、福州、上海、宁波开设洋务商行。境内进出口货物由洋务商行代办，经厦门、福州、上海、宁波、天津诸口岸转口出洋通商。主要通商的国家和地区有英国、美国、日本、法国、东南亚诸国及香港地区。[①]

四、海上走私

清初，朝廷海禁政策严厉，海上走私贸易一度收敛。据《莆田市志》载：“清初，改设兴化守营。康熙八年（1669 年），设莆田县沿海镇戍 21 处，仙游县 3 处。领辖军士 1890 人。”[②] 沿海驻防军的主要任务，除了保卫海防之外，还兼查海上走私。但在利益的驱动下，官商勾结严重，海上走私从未间断。

康熙二十二年，统一台湾，开放东南沿海，实行闽兵驻台、台粮闽运。时台湾海峡两岸米价悬差，走私台米、闽布活动盛行，禁而不止。莆台一衣带水，海商轻车熟路，不少兴化商人加入海

① 莆田市对外经济贸易委员会：《莆田市外经贸志》，方志出版社 1995 年版，第 34 页。

② 莆田市地方志编纂委员会：《莆田市志》，方志出版社 2001 年版，第 1682 页。

上走私行列。

从康熙二十三年起，朝廷实行时开时禁的海关政策，莆田的南日、黄竿、湄洲等沿海岛屿，成为走私窝窟。清中后期，海防松弛，海上走私再次活跃。特别是英国东印度公司占领孟加拉国后，海上鸦片走私非常猖獗。据载："盖西夷始以鸦片易银，继易金，后易镪，且易不足重之番镪而熔化之，今则减番镪之价以易钱。刻下银尽、金尽、番镪将尽，即乾隆以上之好钱亦必至于尽。"海上走私导致"兴化莆田，银几断种，番镪不多，仙游更甚"。[①]

清廷曾多次组织力量打击海上走私，但时紧时松，始终没能杜绝。如咸丰十一年（1861 年），闽海关加强缉私力量，加之值百抽三的低关税制度，走私获利无几，沿海走私活动逐渐消敛。雍正七年（1729 年），朝廷加强了海关监管制度，将涵江港、三江口港码头及货场划为海关监管区。同治四年（1865 年）涵江海关改为海关总局后，增划江口港、鲸山港、遮浪港、乌菜港码头及货场为海关监管区。光绪二年（1876 年），增划浦尾、高埭、芜湖、西墩、石马、枫亭、沧溪、望水、南岭诸处为海关监管区，海上走私也有所收敛。[②] 但不久又放松了海关监管，海上走私复兴。

鸦片战争后，中外双方忌谈鸦片贸易。道光（1821—1850）年间，仅福州闽江口海面就停泊有"阿尼达"号和"威克林"号两艘鸦片趸船。鸦片走私多由福州进入（兴化）境内市场。鸦片是清末最大宗的走私商品，利润空间大，中外不法商人互相勾结，

---

① （清）陈池养：《慎余书屋文集》卷一《上林少穆尚书论行钞书》。

② 莆田市对外经济贸易委员会：《莆田市外经贸志》，方志出版社 1995 年版，第 179 页。

屡禁不止，为害无穷。除了鸦片、赌具等走私外，其他走私商品客观上弥补了海禁所导致的对外经济交流不足。

第二节 清代兴化海（境）外移民与兴化侨帮壮大

清代，随着海上贸易的发展，兴化海商越走越远，除了原来的东亚地区和东南亚各国外，已经拓展到欧美各国。据载，兴化府清代出现了三次海外移民高潮，主要侨居地有东亚地区和东南亚各国，且各侨居地逐渐形成了兴化商帮，并先后创建了华侨社团组织。

兴化移民与朝廷政治、经济政策变化和地方生存环境息息相关。清初，兴化境内天灾、兵乱频繁，特别是“截界迁民”和海禁政策，导致兴化沿海几万人流离失所，无家可归，有不少人漂洋过海前往海外各国谋生。清中期，境内生存环境不佳，一些农民通过海上丝绸之路出去，陆续定居海外各国。鸦片战争后，国门洞开，出入境更加便利，加上东南亚各国已经沦为西方国家的殖民地，需要大量的廉价劳工，兴化百姓因生活所迫，互相引荐，结伴同行，陆续前往东亚和东南亚各国谋生和定居，海外兴化华侨华人日渐增多。

一、三次海（境）外移民热潮

第一次兴化海（境）外移民热潮始于清初，主要迁徙地为台湾岛内。莆台一衣带水，“顺风扬帆，穷日至岸”，台湾成为兴化移民的首选之地，现岛内许多姓氏与莆仙两县有历史渊源。如台湾“九牧林、玉湖陈、金墩黄、檗谷黄、莆阳蔡、南湖郑、六桂翁、金紫方、金吾傅、古赖叶、语漾吴、汾阳郭、新浦李、新翁公宋等称呼，皆为莆仙籍渡台姓氏后裔。现台湾人口数最多的九个姓氏，亦是莆田的九大姓”。[①] 据《重修台湾府志》载，台湾“南社、猫儿干二社番（云林县），其祖兴化人，波海遭飓风，船破漂流到台，娶番妇为妻。今其子孙婚配，皆由其父母主婚，不与别番同”。[②]《彰化县志》亦载：“儿干社番，有说兴化话者，系兴化人入社所传。”[③] 郑成功收复台湾时，曾在福建沿海大量招收农民和商人前往台湾开发，其中有不少兴化人。康熙二十二年（1683 年），郑成功孙子郑克塽降清后，也有不少兴化人随军移居岛内。据乾隆三十九年（1774 年）统计，莆田林氏入台者就达 83 人，主要移居台湾北部淡水一带。乾隆三十九年后，族人赴台者更多。[④] 特别是忠门镇铁灶村的俞氏家族，清代移民台湾桃园县，繁衍子孙上千人。[⑤]

第二次海（境）外移民热潮始于乾隆、嘉庆年间，主要迁徙地为台湾地区和东南亚各国。乾隆年间，福建巡抚曾组织沿海百姓移民台湾开发农业，大批兴化人迁居岛内。据载：“康熙、乾隆、嘉庆年间，‘金墩衍派’入台者计 237 人。”[⑥] 同时，随着清

① 莆田市地方志编纂委员会：《莆田市姓氏志》，方志出版社 2010 年版，第 3 页。

② （道光）周玺：《重修台湾府志》卷十五《风俗》（三）·番社风俗（二）·彰化县。

③ 《彰化县志》卷十一《杂识志·丛谈》，《台湾文献丛刊》第 516 种，第 338 页。

④ 陈光荣：《寻根揽胜兴化府》，海风出版社 2000 年版，第 49 页。

⑤ 莆田县地方志编纂委员会：《莆田县志》，中华书局 1995 年版，第 140 页。

⑥ 陈光荣：《寻根揽胜兴化府》，海风出版社 2000 年版，第 63 页。

中期海禁放松，海上贸易逐渐恢复，前往东亚和东南亚各国经商贸易的兴化人日渐增多，不少人后来定居海外各国，主要迁徙地有琉球、日本、高丽、文莱、安南、占城、柬埔寨、大昆、暹罗、赤仔、噶喇巴、马辰、新加坡、爪哇、婆罗洲等国家和香港地区等。

第三次兴化海（境）外移民为清末，迁徙地遍布全球50多个国家和地区。1840—1860年间，先后爆发了两次鸦片战争，中国逐渐沦为半殖民地半封建社会，百姓生存环境不佳，加上国门打开后出境比较方便。于是，不少兴化人踏上了漂洋过海的求生之路，移居到台湾地区和马来西亚、印度尼西亚、新加坡、菲律宾、泰国、文莱等国，以及欧美地区一些国家。如甲午战争后台湾被日本侵占，台湾总督府颁布了《清国人入境台湾条例》，规定大陆民众渡台可在原居住地办理赴台手续，并指定在基隆、淡水、安平、打鼓（高雄）四个口岸居住，有不少兴化民众前往岛内从事农业、捕捞和商业活动。清末，东南亚各国相继沦为西方国家的殖民地，需要大量的廉价劳动力，吸引了众多兴化移民。如清光绪、宣统年间（1875—1911），马来西亚太平州锡矿区有近5000名仙游籍劳工。据载："海外华侨旅居地，从马来亚（包括今新加坡及马来西亚）开始，逐步扩展到暹罗、荷印（今印度尼西亚）、沙捞越、北婆罗洲（今沙巴）、文莱以及美国、日本、英国、比利时等50多个国家和地区。"① 据1911年统计，仅新加坡境内就有兴化移民1932人。

兴化华侨漂泊异国他乡，无依无靠，通常集中居住一地，甚至连家乡的地名都带了去。如台湾淡水有"兴化里"、鹿寮附近有

① 莆田县地方志编纂委员会：《莆田县志》，中华书局1995年版，第893页。

"兴化厝"、鹿港有"兴安宫"、台南县南化乡有"兴化寮"、台南县龙崎乡也有"兴化店"。在印度尼西亚的泗水、马来西亚的诗巫和金宝及安顺、新加坡、菲律宾的吕宋、中南半岛的暹罗和安南、缅甸的仰光等地，都有兴化人的聚居地，且不同国家和地区形成了各种不同的行业。如移居马来西亚诗巫的兴化人主要从事橡胶种植业，在婆罗洲谋生的兴化人大多从事建筑业，而马来西亚太平地区的兴化人则主要从事锡矿开采业……无论在哪个国家，无论从事何种行业，海外兴化人都会集中居住一地，经常联络，增强乡谊。

二、海外华侨从业情况

清代，兴化百姓出国谋生日渐增多，仅在东南亚各国的就有五六万人。这些移民开始只是从事如采矿、建筑、捕捞、理发、修车、农业种植、人力车等，生活十分艰辛。据载："成批的华侨出国，在十九世纪末叶开始……他们的第一个旅居点是马来西亚（包括新加坡），后来逐渐扩展到荷印（今印度尼西亚）、沙捞越、英属北婆罗洲（今沙巴）、文莱等东南亚各地。他们为谋求生计，漂洋过海。但因语言隔阂，推荐无人，且识字不多，眼光短浅，只好出卖劳动力，或担银土（挑锡米），或拉人力车，或当筑路工人。后来，在这些人中产生了几个有胆识、求进取的杰出人物。在仙游人中，以从事锡矿起家的傅顺、杨兆琰为代表。在莆田人中，以被称为脚车业始祖的东源村姚为安祺为代表。"①

清末，一批兴化华侨华人事业有成，经营范围日渐扩大，涉

① 印度尼西亚兴安同乡会：《福莆仙乡贤人物志》，印度尼西亚福莆仙文化出版社 1990 年版，第 96 页。

及汽车、自行车、机械零件、轮胎、缝纫机、五金电器、钟表、餐饮、酒吧等行业。其中不少兴化商人完成了原始资本积累，开始投资创办实业，诸如橡胶厂、电线厂、灯泡厂、米粉厂、食品厂、榨油厂、轮胎厂、巴士公司和船务代理等。

三、兴化侨民社团组织

清代，随着海外各国兴化移民的日渐增多，各侨居国华侨华人相继成立同乡会馆和行业公会。据《莆田县志》载，兴化人“在侨居国，侨胞都建立社团组织，其中部分由莆籍华侨单独组成，多数由福（清）莆（田）仙（游）同乡或闽籍同乡联合组成。旨在联络乡谊，为同乡排忧解难”。[①] 最早的海外兴化同乡会馆为马来西亚“福莆仙会馆”，成立于光绪二十五年（1899 年）。福莆仙会馆成立有着深厚的历史背景，19 世纪中叶，马来西亚太平地区发现储量丰富的锡矿，4000 多名兴化同乡前往太平锡矿场当矿工。这些兴化同乡远离家乡，孤苦伶仃，生老病死，非常凄惨。据载，兴化“同乡人数众多，没有会馆，同乡之间的团结、联络感情、互相帮助等方面都无所谈起，鉴于此，先辈郑美、颜绍、黄峰、李立、陈厝等 5 位乡贤，发起组织同乡会”。[②] 福莆仙会馆初创时由福州、莆田、仙游三地同乡联合成立，并集资创建了一座“崇圣宫”，奉祀观音、妈祖和三一教创始人林龙江等神像。同时，在今马来西亚、印度尼西亚、泰国等地，清代也相继成立了一批兴化同乡同业公会，如人力车公会、自行车帮会、交通公会、渔业公会等。这些海外兴化商人社团组织，在联络乡亲、行业管

① 莆田县地方志编纂委员会：《莆田县志》，中华书局 1995 年版，第 895 页。
② 蔡玉兰：《风雨沧桑故园情》，中国文史出版社 2005 年版，第 81 页。

理、扶贫帮困等方面发挥了重要的作用。

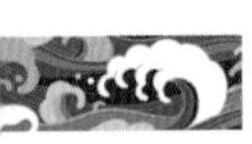

第三节 清代兴化海上丝路中西方文化交流

清代，随着西方经济文化的不断渗透，中国传统文化受到了西方文化的严重冲击。一方面，中西文化融合引发了中国境内传统教育的转型、宗教文化的分裂和儒家传统观念的重大改变。另一方面，随着海上贸易的蓬勃发展，中外经济交流不断扩大，人员往来更加频繁，中国传统文化伴随华侨华人足迹，沿着海上丝绸之路迅速传播到世界各国，实现中外文化的广泛交流。

清代，兴化境内传统道教、佛教开始衰落，不少僧尼道士开始向海（境）外发展，顺着海上丝绸之路，在各侨居地弘扬中华宗教文化。同时，兴化三一教、金童教、先天教、无为教等传统信仰，也陆续向港澳台地区和东南亚各国传播。特别是妈祖信仰广泛传播到日本、琉球、朝鲜、越南、缅甸、泰国、文莱、菲律宾、印度尼西亚、马来西亚等国，以及非洲和欧洲等一些国家和地区，逐渐发展成为世界海洋文化。

一、佛教文化交流

海外佛教传播始于明代，早在明洪武（1368—1398）年间，闽人三十六姓移民琉球王国时就将中华佛教带到侨居国，并在琉球创建神庙，供奉观音和妈祖神像。清顺治（1644—1661）年间，闽商在日本长崎创建了崇福寺和黄檗万福寺，邀请兴化高僧释超元住持崇福寺。释超元在日本弘扬中华佛教9年多时间，创立了“盘圭禅”，并成为日本江户时期（1603—1867）广泛流行的汉传佛教。还有莆田著名法师性莹，于顺治十一年跟随师父隐元东渡日本，在日本参与黄檗宗的创立，成为黄檗宗万福寺第四祖。性莹禅师在日本境内弘扬汉传佛教达52年之久，培养了两名高徒——圆通、法眼。圆通系日本歌山光明寺住持，精通书法，在日本有较高的知名度。法眼为日本法福寺开山鼻祖，也是日本境内著名的高僧大德。性莹是日本黄檗宗的代表人物之一，生前著有《扶桑寄归往生传》《语录》等传世作品。

东南亚各国的中华佛教传播始于明末，最早海外佛寺为马六甲青云亭，创建于明朝。清同治八年（1869年），兴化移民在马来亚雪兰莪万挠又创建了感应亭，供奉观音菩萨和三一教主神像。兴化移民还在吉打创建了“龙凤庵”，也称“观音亭”，兼祀奉妈祖、林伯公、至圣先师孔子等。还有光绪十四年（1888年）兴化侨民募建的槟城里水乡极乐寺，光绪十一年马来西亚太平地区莆仙移民创建的凤山寺等，并有多批兴化高僧前往马来西亚境内弘扬中华佛教文化。

清末，莆田各大丛林宝刹纷纷向东南亚各国派出高僧大德，边弘扬中华佛教，边创建海外下院。如莆田南山文化寺先后创建了印度尼西亚的万隆协天宫、三宝垄大觉寺、苏门答腊喃嗙大兴庙、井里汶巴杞安潮觉寺、雅加达丹基百达新疆广化寺、苏门答腊巴东西兴宫等。莆田囊山慈寿寺先后在海外创建了马来西亚芙蓉坡紫竹亭、巴生观音亭、慈光亭，以及印度尼西亚椰加达金德院、廖内岛妈祖宫（兼奉观音神像）、茂物福德庙等多座下院。江口鼓峰涌泉寺的海外下院也有5座，为马来西亚槟城大山脚观音亭、亚依淡法华岩寺和吉隆坡广福佛宫，以及印度尼西亚棉兰宗圣宫、关帝庙。特别是莆田梅峰寺海外弟子众多，先后创建了 18 座下院，诸如新加坡天皇坛，大吡叻三宝洞、圆通寺、凤山寺，槟榔屿罗山慈山寺，沙捞越古晋友圣公宫，苏门答腊福莲寺、紫云堂，棉兰观音亭等。

鸦片战争后，兴化僧尼顺着海商足迹将中华宗教文化弘扬到海上丝绸之路沿线国家和地区。如仙游九座寺、三会寺、会元寺等都先后派出多批僧尼出国弘法，如释圆仁就是最早前往海外传教的仙游籍僧人。另外，东南亚各国也有不少仙游籍高僧住持的寺庙，诸如仙游高僧释通源于光绪二十六年（1900 年）南渡印度尼西亚暗邦弘法，得到了暗邦东益锡矿华侨信众的大力支持，后来募建了暗邦弥陀岩。宣统（1909—1911）年间，莆仙华侨还在马来西亚槟榔屿创建了白云岩……据不完全统计，清末，兴化五大丛林（广化寺、梅峰寺、囊山寺、龟山寺、鼓峰寺）在东南亚各国共有 40 多座下院，为海上丝绸之路的中华佛教文化传播做出了重要贡献。

二、三一教文化交流

三一教，又名三教、夏教，创始人为莆田儒士林兆恩（1517—1598），字懋勋，号龙江。三一教起源于明嘉靖（1522—1566）年间，主张儒释道三教合一。

明末清初，三一教在流传过程中逐渐分裂为两大派别。一派是从学术方面继承了林兆恩的学术主张，其成员以知识界为主，有把林兆恩看作有成就的理学家，恪守三一教的学术研究传统，并对门徒的宗教迷信活动进行批判。另一派则从宗教仪式方面继承林兆恩的宗教信仰遗产，尊林兆恩为“教主”，称三一教为“夏

涵江三一教祠

教”，秉承教义，完善教规、教仪和教阶等仪式，采用宗教模式推动三一教的传播与传承。

海上丝绸之路上最早传播三一教信仰的为台湾。康熙（1662—1722）年间，莆田三一教门徒陈布前往台湾传教，在台北创建了岛内第一座三一教堂祠，并在岛内发展门徒。至乾隆（1736—1795）年间，岛内三一教门徒增多，并先后创建了多座三一教堂祠，门徒主要分布在台北和台中地区。清末，惠安樟坑村林土等一批三一教门徒迁徙台湾定居，将随身携带的三一教主林兆恩塑像与安尊王神像（惠安民众尊崇的神灵）一起供奉在新竹的一座庙里，并在新竹发展门徒，后来也在新竹创建了一座三一教堂祠。到了20世纪初，随着兴化移民的陆续增多，岛内三一教信仰日渐兴起，发展成为台湾一大教派。

东南亚各国三一教信仰始于康熙、乾隆年间，其传播者主要为兴化移民。如同治八年（1869 年），仙游籍三一教门徒张启，在马来西亚雪兰莪创建了一座感应亭，中间供奉观音，右边为三一教主，左边为妈祖。还有光绪二十年（1894 年）创建的珠兴祠、光绪二十五年创建的马来西亚雪兰莪霹雳太平的崇圣宫等。至清末，马来西亚境内已经有五六座三一教堂祠，这些三一教堂祠与道教、佛教宫庙不同，不叫寺或观，而称堂、祠、院、洞、宫等，堂祠里供奉林龙江教主和张三峰、卓晚春、卢文辉、林至敬、朱慧虚、张洪都等三一教门徒神像，兼奉孔子、老子、释迦牟尼和观音等神像，体现了三教合一的宗教特征。

越南、泰国、缅甸、新加坡等国也有三一教信仰者。如创建于光绪二十五年（1900 年）的泰国普元堂，位于泰国佛统市区，主神为三一教主。还有创建于光绪十一年的缅甸勃生三圣宫，主祀三一教主及其四大门徒，以及道教、佛教等神像。越南、新加坡等兴化人侨居地，清代也建有多座崇圣堂、兴圣堂等三一教堂祠。清末，三一教信仰已经在东南亚各国广泛流传。

日本境内三一教信仰始于清代，开始是由莆仙两县商人（三一教门徒）通过海上传播过去。康熙、乾隆年间，国内严禁“邪教”，不少三一教门徒前往日本境内定居，并将三一教信仰传播到日本。至清末，日本境内三一教信仰逐渐兴起，引发了日本学者的兴趣，并对三一教信仰进行了专题研究。日本国内许多文库、大学图书馆和研究机构都收藏有《林子全集》和三一教书籍，其数量达数百卷，成为海外各国收藏研究三一教文献资料最多的国家。

鸦片战争后，随着五口通商的开放，三一教信仰伴随兴化商船越走越远，逐渐传播到欧美一些国家。诸如法国、德国、美国、英国等都有三一教信仰，并建有三一教堂祠和研究三一教信仰的专家学者。

三、妈祖信仰传播

清廷出于经济社会发展和巩固执政地位的需要，积极推崇妈祖信仰，先后 15 次褒封妈祖并多次赐匾，封号从天妃、圣妃，到天后，褒封等级无以复加。加上清代海上贸易出现了空前繁荣，妈祖信仰伴随广大商人足迹沿海上丝绸之路迅速传播到世界各国。

清代，马来西亚境内妈祖信仰十分广泛，广大华人掀起一股创建妈祖庙的热潮，创建了众多妈祖行宫。如创建于康熙十二年（1673 年）的槟城广福宫，创建于乾隆（1736—1795）年间的丹戎槟榔天后圣庙，创建于嘉庆五年（1800 年）的马六甲永春会馆天后宫，创建于嘉庆六年的槟城嘉应会馆天后宫，创建于道光（1821—1850）年间的马六甲清华宫、福建会馆天福宫和丁加奴和安宫等。另外还有丹戎天后宫、彭亨天后宫、瓜拉天后宫和立卑天后宫等。至宣统三年（1911 年），马来西亚境内共有 20 多座会馆妈祖庙，分布在全马各个角落，妈祖信仰非常广泛。

印度尼西亚境内也创建了众多妈祖庙，如创建于乾隆十五年的雅加达南班登安妈祖庙，创建于乾隆十六年的巴达维亚天妃宫、爪哇三宝垄天后宫，创建于道光二十八年（1848 年）的爪哇南旺慈惠宫，创建于咸丰三年（1853 年）的岩望慈德宫，创建于同治六年（1867 年）的锡江市天后宫，创建于光绪（1875—1908）年间的棉兰天后宫、布兰塔斯河慈惠宫、茉莉芬市惠荣宫、苏拉威西岛天后宫、俄伦打洛部天后宫、爪哇福安宫、苏迪尔曼街慈德宫、茉莉芬市慈荣宫、宗邦（现志愿者街）福隆宫等。至清末，妈祖庙几乎遍及印度尼西亚各主要商埠，境内妈祖信仰十分广泛。

泰国境内妈祖信仰也十分广泛，先后创建了不少的妈祖庙。如创建于道光十四年（1834 年）的曼谷打恼路玄天上帝庙和创建于道光二十六年的宋卡城隍庙，都配祀了妈祖。还有创建于咸丰元年（1851 年）的曼谷石龙军路七圣妈庙、创建于同治三年（1864 年）的福建会馆天后圣母宫、创建于光绪八年（1882 年）的曼谷嵩越路天后宫、创建于光绪十三年的洛坤城天后宫、创建于光绪二十年的暹京闽山亭、创建于光绪二十一年的素叻它尼府班路天后圣母宫等，都是真正的妈祖行宫。更难能可贵的是，泰国六世皇曾于宣统三年（1911 年）亲自巡视洛坤妈祖庙，并御赐“铜香炉”，表明泰国王室对妈祖的认可，有力地推动了泰国境内妈祖信仰的传播与传承。

缅甸境内最早的华人神庙为乾隆三十八年（1773 年）创建的阿瓦观音庙，此外还有嘉庆十一年（1806 年）创建的八莫关帝庙，里面都兼祀了妈祖神像。缅甸最早的妈祖庙为缅南丹老天后宫，至少创建于公元 1837 年，现尚存的大钟上面镌有“道光十七年献”等铭文。特别是缅甸仰光庆福宫，创建于咸丰十一年（1861 年），该宫以福建海澄霞阳社的庵庙为蓝本，建庙材料从福建用帆船海运过去，是缅甸境内规模最大的妈祖庙，石台木柱、青瓦花砖，雕梁画栋、富丽堂皇，既带有闽南建筑风格，又富有异国风情。

越南境内妈祖信仰始于明代，妈祖庙建设则始于清代。如康熙（1662—1722）年间，广肇会馆成立后创建了天后宫。随后，福建会馆成立后也捐资创建了天后宫。清中后期，越南境内先后创建了多个妈祖庙，如南圻柴棍铺天妃庙、永隆市天后庙、沙沥天后庙、小芹县天后宫、边和七府古庙等。其中规模最大的为穗城会馆天后庙，俗称“阿婆庙”，创建于乾隆二十五年（1760

年）。此外还有嘉庆八年（1803 年）的粤东会馆天后宫。在广大华侨华人的推动下，越南境内妈祖信仰迅速扩大，尤其是沿海地区的越南民众也信仰妈祖，并创建了多座妈祖庙。

日本境内妈祖信仰始于元代，发展于明，鼎盛于清。从日本江户中期起，长崎、神户、京都、横滨等地已有华人从事商业贸易，逐渐形成了中华街，并开始创建神庙，兼祀妈祖神像。特别是福州三山公帮每年三月初都会在崇福寺里举行妈祖诞辰祭祀活动。同时，日本海商在华人的影响下也开始信仰妈祖，如康熙三十五年（1696 年），日本大船主伊藤五左卫在大北半岛大间村创建一座天妃祠，这是首座日本人创建的妈祖行宫。此外还有乾隆四十五年（1708 年）创建的长崎八闽会馆天后宫、光绪十三年（1887 年）日本关西华人创建的天后宫等。光绪十九年中华会馆成立后，也集资创建了一座协天宫。特别是神户华人庙宇宏伟壮观，经常开展各种祭祀活动，逐渐发展成为华人民间信仰的活动中心。据日本文献载："妈祖信仰等中国传统文化始终根植于神户华侨华人社会中，伴随着华侨华人在异国他乡的生存与发展。"[①]

清末，妈祖信仰开始向美洲、大洋洲传播。美国境内妈祖信仰始于 19 世纪中叶的淘金热，据咸丰二年（1852 年）统计，当时美国西海岸的华人淘金者已达 46897 人。[②] 这些闽粤百姓随身带上妈祖神像远渡重洋，把妈祖信仰带到了太平洋彼岸，并于咸丰二年在旧金山创建一座妈祖庙，即威佛莱街天后宫。由于天后宫香火旺盛，香客络绎不绝，妈祖庙周边迅速形成了商业区，华人们取名"天后街"（Union Square），即现在旧金山市联合广场

---

① （日）潘宏立等：《日本关西地区华侨华人社会及中国传统信仰》，载《第四届世界妈祖文化学术研讨会论文集》，第 228 页。

② 梁启超：《新大陆游记》，上海商务印书馆 1916 年版。

附近。后旧金山发生大地震导致妈祖庙倒塌，但妈祖信仰传播没有中断，继续在华人圈里传承了下来。

大洋洲妈祖信仰源于19世纪50年代的淘金潮。据史书载，咸丰元年（1851年），传说大洋洲发现大型金矿，东南沿海大批百姓抱着淘金梦前往澳大利亚。几年之间，澳大利亚境内云集了数万华人。这些华人为了海上航行平安，随身携带着妈祖神像，便把妈祖信仰传到澳大利亚境内。据澳大利亚专家研究资料，1850—1860年，大洋洲境内共有华人庙宇20多座，其中有多个妈祖庙，华人信仰妈祖者众多。

非洲的妈祖信仰传播始于明初。清代，闽粤商人陆续前往非洲东部的毛里求斯经商，并成立了嘉应会馆，还集资创建了一座华人宫庙——明山宫，其中兼祀妈祖神像。同治八年（1869年），改嘉应会馆为仁和会馆，会员有福建籍和广东嘉应、南顺等地商人，会馆设在明山宫里。咸丰九年（1859年），广东南海、顺德等地移民联合成立了南顺会馆，并于光绪二十七年（1901年）创建了会馆天后宫，现仍存有落款光绪辛丑十月由邓锡标、邓玉书、邓深宁、邓汝红、邓裕光等人敬献的石香炉，妈祖作为主神供奉。清末，随着海上贸易发展，大批闽粤华侨到达非洲的马达加斯加、尼日利亚、肯尼亚、南非等国家经商贸易，并将妈祖信仰传播到非洲各侨居地。

四、基督教传入与发展

随着海上贸易发展，西方基督教沿海上丝绸之路大举传入我国东南沿海，但遭到康熙皇帝的严厉打击。鸦片战争后，在一系列不平等条约保护下，各国传教士又纷纷踏进中华大地，通过各种渠道将西方意识形态传入中国境内，冲击了中华传统文化的藩篱，仅兴化府境内就有罗马天主教、巴黎外方传教会、美国美以美基督教差会和英国圣公会等。

罗马天主教（Catholic Church）。据载，康熙（1662—1722）年间，有位湖南籍陈姓天主教徒，携带家眷乘船南下，在海上遇风漂流到兴化平海澳定居，他将该地命名为“湖南村”，并“于该村建立湖南堂，为县内第一座天主教堂”。“同治十年（1871年）由江神父筹划重建新堂”。道光（1821—1850）年间，朝廷宗教政策日渐松弛，西班牙神父万思源潜入莆田平海，传播天主教，发展教徒，之后，境内陆续建起天主教堂、点。如莆田县先后创建了谢厝堂、平海堂、南日堂、莆田堂、涵江堂、上店堂、刘厝堂、樟林堂、石狮堂、东洋堂、北高堂和蔡埭、西江、莒溪、沟下、曾厝等教点。仙游县也创建了隆兴堂、学士堂、大埔堂、杉尾堂、至喜亭堂等，并发展了一批教徒。[①]

巴黎外方传教会。该教是西方天主教的一个新教派，总部设在法国巴黎。康熙（1662—1722）年间，巴黎外方传教会派人到福建沿海传教，在兴化府城设立教会，传经布道，培养了一位著名莆籍教徒——黄加（嘉）略（Arcade Hoangh，1679—1716年）。黄加略7岁丧父，母亲将他交给在巴黎外方传教会的传教士李斐理（la Blanc）抚养。李斐理离开莆田时，又将黄加略托付给莆田巴黎外方传教会主教梁宏仁（Artus de Lionne）抚养。康熙四十一年，梁宏仁主教奉命前往罗马汇报中国的“礼仪之争”（即康熙皇帝与外国传教士就宗教崇拜引发的争论），随带黄加略一同前往，并送他到罗马神学院深造。黄加略后受聘于国王路易十四

① 莆田县地方志编纂委员会：《莆田县志》，中华书局1995年版，第978页。

的中文翻译官，负责翻译传教士的信函、整理皇家图书馆的中文书籍，以及翻译天文学、中国经典著作等，他还编写了一部《汉法词典》。[①] 而莆田境内巴黎外方传教会也因梁宏仁主教的离开而中断。

美国美以美基督教差会。又称美以美差会，是美国卫理公会分裂出来的新教派——美国北方卫理公会（1844—1939）。莆田境内美以美差会传播始于清同治元年（1862 年），最早的教徒为南日岛渔民林振珍，他在福州由美国传教士明正理（Samuel Lybrand）洗礼入教。随后，受福州教区委派，林振珍先后在南日、平海、郡城、仙游、涵江和永春、大田、德化等地传教，发展教徒，创办教堂，并成立兴化、莆田、涵江、仙游等多个教区。至同治十一年，成立了美以美差会兴化教区，兴化境内共有牧区 12 个，教徒 774 人，福州教区选派传教士麦利和（Robert Samuel Maclcy）负责兴化地区的教务。同治十三年，林振珍又先后成立永春牧区、德化牧区和大田牧区。光绪四年（1878 年）合并成立了永德大教区，隶属兴化教区管辖。至光绪十六年，美以美兴化教区共管辖 14 个牧区 27 个教堂，信徒 1027 人。林振珍因传经布道卓有成效，被美以美总会誉为“兴永教会之开山祖”。

光绪十六年底，美以美总会派遣美国传教士蒲鲁士（William Nesbitt Brewster）主持兴化教务。蒲鲁士（1864—1917），号“叟堂”，被誉为“宣教士驻内地之发起人”。他发明了“兴化音罗马字”，使兴化百姓能够在短时间里学会诵习《圣经》。同时，他还拓展各种社会公益事业，先后创办了学校、医院、疯人院、盲人院、盲婴堂、孤儿院、公德社、戒毒所等慈善机构，为地方公

① 林金水：《福建对外文化交流史》，福建教育出版社 1997 年版，第 307—309 页。

益事业发展做出了重要贡献。他还在西式教育、倡导女性人权和西医西药发展等方面做出了重大贡献。据光绪二十三年统计，兴化境内共有教会义塾、义学 37 所，在校学生 628 人。另外，为了解决传教经费，蒲鲁士还创办了美兴印刷局、美兴纺织厂、碾米厂、面粉厂、报社等。

清末，兴化美以美差会的影响力迅速扩大，基督教的“福音”从城区传播到莆仙沿海、平原和山区，教徒队伍不断壮大，教堂星罗棋布，遍布城乡。据光绪三十三年统计，兴化教区共有美以美教堂 112 个、外国传教士 24 人、本地传道员 314 人、华人年会会员 38 人、教徒近万人，教会影响力渗透到地方政治、经济、文化和社会各个领域。

圣公会。也称“圣公宗”“安立甘会”等。同治元年（1862 年），圣公会福建教区派遣英国传教士宋恩（Thomas Stringer）到兴化“开荒布道”，并建了“圣公会莆田支区”，建立教堂，委任华人牧师陈总信为会吏，胡约翰、罗为霖为布道使。光绪十九年（1893 年），经福州教区批准正式成立圣公会“莆田支区议会”。至光绪二十一年，莆田县共创建 7 所圣公堂，有传道员 6 人，洗礼教徒 189 人。

光绪十五年，莆田圣公会在“三官店”召开支区首次会议，仙游派代表参加。光绪十八年，英国圣公会在仙游南门建立“圣公会仙游支区总堂”，首任牧师为陈宗圣（古田县人）。此后，仙游圣公会信徒积极在各乡村游历布道，发展信士，并集资创建了一座 136 平方米的大教堂。据光绪十九年统计，仙游境内共洗礼圣公会信徒 68 人、信友 1100 多人。

从 19 世纪 90 年代起，莆仙两县圣公会改变了传统的宣教方式，采取教育传道、施医传道和公益事业传道等方式，圣公会声誉迅速提高。特别是在施医传道方面卓有成效，先后创建了兴化圣教医院、仙游私立圣路加医（分）院和江口分院，以及一批妇科门诊科室。同时，圣公会还创办多所职业技术学校、小学、孤儿院、盲人院、麻风病院等慈善机构，为地方公益事业发展做出了积极贡献。至光绪三十一年，圣公会兴化支区共有神职人员 26 人、信徒 1265 人，其中领圣餐者 567 人。

虽然西方传教士的目的性很强，始终是为了兜售西方宗教文化、改观东方人意识形态和传统价值观，但传教士所采取的教育传道、施医传道、公益布道和实业养道等措施，客观上对地方经济社会发展产生了积极的推动作用。

第六章

民国时期莆仙两县海上贸易与文化交流

第一节 民国时期莆仙对外经济交流

一、海上贸易发展

民国初，国民政府全盘接受鸦片战争之后的不平等条约，海上贸易持续发展，对外经济交流不断扩大。民国中前期，莆田三江口和涵江霞徐码头出现众多的“船头栈”和“船务行”，以及诸如“福兴轮船公司”“鲲南船行”“福生船行”等轮船公司，莆田航运业蓬勃发展。抗日战争期间，莆田沿海岛屿相继沦陷，对外贸易受阻，海上走私悄然兴起。抗战胜利后，东南沿海局势相对稳定，对外经济交流正常进行，但外国商品大量涌入，莆田对外贸易逆差日渐扩大。民国末期，国民经济全面崩溃，莆田海上贸易从高潮走向低谷。

（一）对外经济交流

民国初，外轮来莆渐多，秀屿港、三江口港、涵江港、枫亭港等逐渐发展成为对外通商口岸。据《莆田市外经贸志》载："民国间，舶来品入境猛增，劳务出口、侨汇业务渐多。对外经贸活动以货物收购、储运、包销、代销及外汇兑汇为主。"[①] 三江口港成为闽中最大的对外通商港口，涵江集镇万商云集，发展成为福建著名的商品贸易中心。桂圆干、荔枝干、蔗糖、海产品、李咸干、橄榄咸干和兴化米粉等土特产大量运往上海、宁波、南京、天津以及北方各大商埠销售，又从北方各商埠运回豆饼、黄豆、面粉、花生油、酒类、煤油、棉纱、棉花、粗细布、中药材、南北京果等，并源源不断地批发给闽中各县。涵江发展成为闽中的货物集散地。据 1931 年统计，每年从三江口港进入的轮船多达 314 艘，吞吐量达 10 万吨以上。

抗日战争期间，福建沿海各港口相继沦陷，莆田沿海的南日岛、湄洲岛、黄瓜岛、乌丘屿等岛屿均被伪军所占领，涵江、江口、桥兜、港里和仙游枫亭等码头屡遭日机轰炸，沿海港口毁于一旦。特别是刚刚建成不久的秀屿港，遭日军 18 架次飞机乱轰滥炸，原来繁荣的港口变成了一片废墟。只有三江口港因目标较小，日军只在海面上布下水雷封锁，没有轰炸。沿海渔民将水雷打捞起来之后，轮船依然可以安全出入，全省海运多从三江口港进出，带动了闽中商贸的发展，涵江集镇万商云集，货物充沛，被誉为"小上海"，位居福建四大重镇之首。

民国末期，内战爆发，莆仙两县对外贸易受到严重影响。

---

① 莆田市对外经济贸易委员会：《莆田市外经贸志》，方志出版社 1995 年版，第 13 页。

据载，20 世纪 40 年代后期，经济萧条，输出商品渐少。特别是 1946 年之后，国民政府颁布《进出口贸易暂行办法》，限制国外商品进口，海上贸易大幅度衰退，莆仙两县出现了有史以来少见的贸易逆差。随后，又出现严重的通货膨胀，国民经济开始崩溃，国民党政权土崩瓦解，延续 1000 多年的海上贸易落下帷幕。

（二）进出口商品

民国初，莆田出口物资以农副产品为主，进口商品以化肥、日用品为大宗。20 世纪 20 年代，莆田进出口商品结构发生了较大变化，进口商品大增，传统农产品和手工业品的出口优势逐渐衰退，城乡市场遭受进口商品严重冲击。抗战期间，外国化肥、煤油、五金、日用品等大量输入，农产品出口大幅减少，外国商品在莆仙城乡市场的占有率提高。从 1946 年起，国民政府严格限制进口商品，进出口商品数量锐减，对外贸易日渐萧条。

进口商品。民国初，进口商品以日、美、英等国工业品居多，主要有化工、建材、电动机械、轻工产品、五金交电和西药、香烟、罐头等，外国商品充斥莆仙两县城乡市场。“民国 5 年，枫亭霞桥‘新存瑞’豆饼行首家代理厦门谦顺洋行，进口卜内门化肥。其后，有商人代理洋行进口洋烟、炼乳、罐头、火柴、肥皂、洋碱、水泥、钢筋、西药等货品渐多。民国 15 年，主要有德国、美国、英国、苏联、日本、荷兰等洋行的货物进入仙游市场。……40 年代后期，经济萧条，输出商品渐少，美国货充斥市场。五金制品、电器、机械、化工用品、化肥多为海外进口”。[①]

民国时期，莆仙两县进口多批机械设备，如汽车、柴油机、

① 莆田市对外经济贸易委员会：《莆田市外经贸志》，方志出版社 1995 年版，第 25 页。

发电机、电动机、电影放映机、自行车、医疗器械、制糖设备、食品加工设备、内燃机、车床、化工机械等。还有“民国8年，仙游女医馆从美国引进DeLeo爱克斯光设备，配有启罗汽油发电机和120伏特蓄电池组。民国26年，境内陆续进口了一些美国外科、骨科、五官科及妇产科等医疗器械”，以及柴油机、电动机、发电机、车床和碾米、磨面、制皂、玻璃加工、罐头生产等机械设备。[①]“民国18年，日本机制白砂糖、煤油、布、京果、百货乃至小玩具源源输入，占领莆仙市场”，莆仙两县的传统行业受到严重冲击。[②]

20世纪20—40年代，莆仙两县引进了一批农作物新品种，有效地改善了境内农业种植结构，主要有从东南亚引进了“拔地拉”（俗称“黑鬼蔗”）、果蔗（水果蔗）和“番仔蔗”等新品种。还有1936年从印度尼西亚爪哇岛引进的“爪哇2878”“爪哇2883”“爪哇2952”等甘蔗新品种。这些东南亚甘蔗新品种，促进了境内甘蔗种植面积的扩大和蔗糖产量的提高。

民国时期，莆仙两县较为大宗的进口物资为美、英、德及东亚和东南亚各国的机织花布、衣饰、绒毛、针织品、纺织品、海参、燕窝、酒类、洋烟、炼乳、罐头、火柴、肥皂、洋碱、水泥、钢筋、西药等。据媒体报道，1924—1937年，仙游县进口的化肥累计达200万包，贸易额达3000万银元。进口煤油年均20万桶，贸易额达47.2万银元。进口的化工产品主要有美国“美孚”“亚细亚”“德士古”“鹰标”牌煤油和英国的“僧帽”牌煤油，美国“卜内门”、英国“眉目”、法国“狮马”牌肥田粉，“马标”牌颜

① 仙游县地方志编纂委员会：《仙游县志》，方志出版社1995年版，第496页。

② 莆田市对外经济贸易委员会：《莆田市外经贸志》，方志出版社1995年版，第25页。

料，日本产人丹、眼药，英国的医疗器械等。

抗日战争期间，国民政府对进口商品和通商国家进行限制。如1937年，将汽油和煤油列为禁止进口与转口的物品。1941年，花边、衣饰、绒毛或杂毛针织品、纺织品、鲍鱼、海参、燕窝、饼干、粮食、花生、桂圆、酒类、烟类、藤制品以及高级食品与生活用品等均被列为禁止进口的物品。但1942年以后，由于国内物资短缺，国民政府被迫取消进口商品限制，凡粮食、药材、机器设备之类，不论来自何国，均准许进口，莆仙两县对外贸易再度兴盛。

抗战胜利后，国内经济萧条，外汇紧缺，国民政府颁布了《进出口贸易暂行办法》，将进口物品划为自由进口类、许可进口类、禁止进口类等三大类。其后，进口商品有豆饼、肥田粉、煤油、布匹、棉纱、手表、呢绒、面粉、奶粉、罐头、牙刷、头梳、面巾、香料、胭脂，以美国、日本、德国、法国及中国香港地区商品居多。民国后期，国内经济形势每况愈下，对外贸易日渐萧条，莆田进口商品大幅减少。

出口产品。民国初，莆仙两县出口产品以农产品和土特产为大宗，主要品种有土布、花生、烟草、桂圆干果、蜜枣、茶叶、兴化米粉、蔗糖、粗制蚊香、杨梅干果、迷信纸、布鞋、粗药材、木盆、土白布、夏布、长边纸、草纸、木材等农产品和手工业品。

抗日战争期间，境内出口产品主要有桂圆干果、桂圆蜜饯、荔枝干果、杨梅蜜饯、糖类品、烟叶等。据载，1937年日本封锁闽江口后，闽省货物集散悉赖涵江，境内出口货物量扩大，永春、德化、大田、尤溪、永安诸地的茶、纸、香菇、笋干、瓷器、铁器、中药材等土特产多由涵江出口海外，以蔗糖、桂圆干等土特产品为出口大宗，每年销售往外地约有60万担。1942年6月，国民政府颁布《战时管理进出口物品条例》……境内出口贸易量锐减。出口商品仍以蔗糖、桂圆干果为大宗，烟（烟）叶次之。

抗战胜利后，由于国民政府加强进出口商品管制，莆田出口商品种类大幅度减少。据载，从1946年起，实施《进出口贸易暂行办法》，境内进出口量锐减。进口以食品和农用品为大宗。出口以蔗糖、果品、工艺品为大宗。[①]

（三）通商国家和地区

民国初，莆仙两县通商的国家和地区主要有南洋（东南亚）诸国和日本、朝鲜等东亚国家，以及英国、美国、苏联、荷兰等欧美国家和港澳台地区等。但通航的国家已经大幅度减少，主要是外国轮船将工业品输入沿海港口和境内市场，并委托当地商人销售或购置所需的出口产品。

20世纪20年代，莆仙两县的海上贸易逐渐拓展到欧美各国，通商的国家和地区有英国、美国、日本、荷兰、法国、德国、加拿大、葡萄牙、印度、新加坡、马来西亚、印度尼西亚等国和香港、澳门地区。

抗日战争期间，由于战争需要，对外贸易带有浓厚的军事色彩，通航的国家和地区也有一定的选择性，国民政府只允许与同盟国进行通商通航，与莆仙两县通航的国家大幅度减少。

抗战胜利后，境内对外通商的国家也不多，主要有美国、英国、加拿大、法国、朝鲜和东南亚诸国。

---

① 莆田市对外经济贸易委员会：《莆田市外经贸志》，方志出版社1995年版，第25—28页。

二、海上走私

民国时期，莆田沿海走私活动非常猖獗。民国初，由于洋人控制海关，进口商品实行低关税政策，海上走私贸易利润不大，加上地方政府缉私严厉，有效地遏制了沿海走私活动。1922 年，福建海关在莆田成立涵江水警分驻所和南日水警分驻所，外国商船入境须由海关会同水警一起登船查验。虽然民间海上走私活动减少，但洋人的鸦片走私仍然屡禁不止。

1929 年，国民政府收回关税主权，大幅度提高进口商品关税，海上走私渐起。特别是台湾日本殖民当局，纵容不法日本商人在台湾海峡走私高税率商品，出现了 20 世纪 30 年代初的走私高潮，主要有白糖、煤油、化肥、纺织品、钢筋、水泥，以及中药材、白银、海盐等。莆田沿海的南日岛、湄洲岛、黄瓜岛和平海、江口、涵江等沿海港口集镇，走私商品泛滥。

20 世纪 30 年代，国民政府加大海上走私缉查力度，于 1931 年设莆田盐务税警队，配置缉私船 1 艘，查缉偷漏盐税走私。其间，缉私对象以“资敌”国货为主。重点查缉日本商船，防止日本商人与境内商人勾结走私。

抗日战争全面爆发后，日军封锁中国东南沿海，沿海走私船逐渐减少。1939 年 10 月，南日岛沦陷于日军。次年 6 月，设立福建战区货物运输管理检查处涵江管理站，协同沿海驻军严格查验外轮私货，以防止外轮偷越战区。抗日战争期间，沿海港口被日军封锁，沿海走私活动主要集中在南日、乌丘、黄瓜等岛屿，走私商品为海上伪军所控制。

抗日战争进入相持阶段后，日军大力培植伪军，委任张逸舟为“福建和平救国军第二集团军总司令”。张逸舟先后吞并了福建和平救国军第一、三集团军，武装队伍发展到5000多人，建立了“海上王朝”，并成立了“新华贸易公司”，控制福建沿海的对外贸易，大举开展武装走私，获取暴利。

抗战胜利后，国民政府于1945年复设南日、三江口水上警察所各一处，隶属晋江水上警察局，配备武装警员20人，负责查缉沿海走私。张逸舟摇身一变成为国民党军，仍然驻扎在沿海各岛屿，继续垄断海上贸易，进行武装走私。1949年底，国民政府败退台湾后，张逸舟率部逃往台湾，海上走私销声匿迹。

三、洋货冲击

民国初，进口纺织品大量输入莆仙两县，境内传统纺织业受到严重的冲击，故有“洋布不用，则内地之布得售；呢羽不用，则绸缎之属畅销”的历史记载。① 据载，民国时，洋布和外埠机织棉布有土纱、洋布、呢料、丝绸等100多种，其中针织品有毛线、棉毛衫裤、毛巾、袜子、手帕等，由苏广店（今称百货店）主营，主要分布在涵江、城里、黄石、鲤城、枫亭等各大集镇，涵江纱布业盛极一时，居当时涵江的五大行业（豆饼、桂圆、纱布、京果、轮船）之一。其批销的范围，除莆仙以外，还远至福清等地。纱布的货源主要来自上海、南通、杭州、绍兴、盛泽、广东、厦门、福州等地。

20世纪20年代，莆仙商人从厦门港口大量购买机织纺织品，如进口哔叽、华达呢、贡呢、绸缎、线呢、格布、条布和纱布等。

① （清）陈池养：《慎余书屋文集》卷一《上林少穆尚书论行钞书》。

由于进口纺织品质优价廉，充斥莆仙两县城乡市场，传统的棉布、麻布、土布等销量大减，逐渐淡出市场。

20 世纪 30 年代初，外国商品大量涌入福建沿海，莆仙城乡出现众多经营进口五金交电和化工产品的商行及商店，其中较著名的有新德义、新美、新发、新章、通兴、春兴、连兴、荣兴、日成、长城、好治、淑蓉、协和、顺兴、丰兴、进兴、忠兴、亨利、茂隆等 21 家五金店和 10 家化工原料店，分布在城、涵及仙游城关、枫亭等地。其他乡镇的五金化工用品则由私营百货日用品商店兼营，经营品种不下 200 种，主要有元钉、铁丝、锯条、凿子、门窗插销、窗钩等日用小五金及少量民用电工器材、化工染料、油漆等 30 多种。货源主要由福州、泉州、厦门及上海等地采购运回。[①] 外国商品的大量倾销，对传统农业和手工业造成了巨大冲击。

民国时期，莆仙两县传统制糖业遭受进口机制糖的严重冲击。自宋代始，兴化百姓就采用土法制糖，然后运销北方各省和海上丝绸之路沿线国家和地区，蔗糖成为当地农民的重要收入来源之一。进入民国后，西方国家的机制蔗糖，质优价廉，种类繁多，大量进口，导致境内土制蔗糖严重滞销。据载，1917—1918 年，外国机制白糖倾销，食糖运销量从原每年 16 万吨降到 10 万吨。特别是 1922—1925 年，日本的机制白砂糖入境倾销，使蔗农、糖商蒙受重大损失。[②]

① 莆田市地方志编纂委员会：《莆田市志》，方志出版社 2001 年版，第 1550 页。
② 仙游县地方志编纂委员会：《仙游县志》，方志出版社 1995 年版，第 497 页。

第二节 民国时期莆田海上人员往来与文化交流

民国时期，国民政府出台了一系列鼓励工商业发展和保护商人利益的政策措施，促进了福建沿海对外经济交流的扩大和商贸发展，不但全国各商埠的莆商人数迅速增多，而且海外各国的兴化侨商队伍也日益扩大。同时，随着资本主义经济的迅速崛起，资产阶级政权日益巩固，代表执政者利益的中国工商阶层开始显山露水，商人的社会地位日益提高，逐渐发展成为一支颇具实力的新兴政治力量，并在推动经济社会发展、公益事业、支援抗战、反对内战和支持中国革命等方面发挥了重大作用。

一、海外莆田移民

民国初，东南沿海掀起一股移民海外的热潮，莆仙百姓纷纷前往海上丝绸之路沿线国家和地区谋生、经商或创业，从而形成了莆仙境内第一次出国热潮。民国中期，不少海外兴化商人事业有成，成为海外华侨的榜样，陆续引荐家乡亲人前往东南亚各国谋生，从而形成了第二次出国高潮。民国后期，内战全面爆发，民不聊生，许多年轻人不愿意充当国民党的炮灰，纷纷逃往海外，加上当时国内经济秩序混乱，通货膨胀严重，商业环境不好，许多莆仙百姓前往海外各国谋生，形成了第三次出国热潮。据载：

"莆田县最高峰时年出国人数多达 5000 人。"[1]

民国时期出境渠道众多，主要移民方式有"客头"或"引荐社"引渡出境、教会组织契约劳工出境、政治避难逃亡海外、企业招聘出境谋生、亲戚朋友引荐出境和联姻出境（俗称"过埠新娘"）等。据载，至 1949 年，莆田县海外华侨华人共有 44115 人，新加坡最多，有 31689 人，约占华侨总数的 60%；印度尼西亚次之，有 18438 人；其他分别为北婆罗洲 3329 人、泰国 312 人、越南 247 人；其他国家人数较少。[2] 仙游县海外移民有 6 万多人，以印度尼西亚最多，计 28247 人；马来西亚次之，为 23662 人；美国 3373 人，菲律宾 1209 人；在大洋洲、德国、意大利、荷兰、巴西、泰国、日本等国家，也有不少莆仙华侨。

二、莆籍华人社团

海外莆籍华侨为了加强同乡联谊、相互帮助、共谋福利，在各侨居国创建了众多华人社团组织，诸如兴安同乡会、兴安会馆、渔业公会、自行车公会、人力车公会和民间基金会等。这些海外同乡社团，初依地缘、亲缘而成立，机构简单，活动范围小，影响力并不大。但随着海外各国华商企业的发展壮大和莆商经营活动的日趋活跃，海外兴化百姓开始创建同乡会馆和行业公会。有些会馆和公会还集资创办实业、成立基金会、开展扶贫帮困和公益事业等，成为侨居地颇具影响力的华人社团组织。

海外兴化同乡会最早为马来西亚福莆仙会馆，成立于清光绪二十五年（1899 年），馆址位于马来西亚太平州。1927 年，莆仙

① 莆田市地方志编纂委员会：《莆田市志》，方志出版社 2001 年版，第 1849 页。
② 同上，第 2432 页。

华侨在马来西亚成立兴安会馆总会，并在会长童玉锦的推动下，马来西亚各州先后成立了7个兴安会馆，即创建于1932年的槟城兴安会馆、创建于1934年的雪兰莪兴安会馆、创建于1938年的诗巫兴化莆仙公会、创建于1945年的马六甲兴安会馆和霹雳兴安会馆、创建于1946年的古晋兴安会馆、创建于1948年的麻坡兴安会馆等。这些海外兴安会馆，在商人联谊、商业活动、调解纠纷和协调同乡关系等方面发挥了积极作用。

印度尼西亚泗水是仙游华侨的集中地，于1921年成立了“仙溪公馆”。民国1939年改名为“仙溪华侨总会”。1949年又改为“仙溪会馆”。仙溪会馆是民国时期印度尼西亚境内颇具影响力的华人社团，在联络乡谊、协调侨民事务和开展公益事业建设等方面颇有成就。

新加坡境内也有2个兴安会馆。一是创建于1920年的新加坡兴安会馆，并集资创办了宏文学校；二是创建于1947年的莆中高平会馆。新加坡会馆的宗旨有三条：一是联络兴化郡人的友谊和感情；二是促进郡人福利和教育及工商等事业；三是开展社会公益事业。

除了兴安会馆外，海外莆仙华侨还组建了一批同业公会。如创建于1912年的马来西亚雪兰莪自行车商会、创建于1923年的新加坡自行车商会、创建于1937年的印度尼西亚 兴化公会（橡胶种植行业）、创建于1939年的吡咖自行车工业公会、创建于1941年的古晋渔业公所、创建于1946年的新加坡特学示交通公会、创建于民国末期的吉兰丹车商公会等……这些兴化同乡同业公会，都是海外莆仙华侨的重要社团组织，是海外乡亲联谊活动的纽带与桥梁。

三、海丝文化交流

民国时期，随着海上丝绸之路的不断拓展，中外文化交流更加广泛，有儒家文化交流，也有中华佛教文化交流，还有传统的道教文化交流。特别是莆田土生土长的三一教和妈祖信仰，伴随着广大海商足迹广泛传播到东亚、东南亚及欧美地区，形成了“有海水处有华人，有华人处有妈祖”的奇特现象。

（一）佛教文化传播

民国时期，受政府宗教政策限制，广大信士对传统佛教渐失兴趣，莆田各大寺院因经济拮据而破落，便陆续派僧尼前往东南亚各国募捐善款。据载，民国时期，广化寺在印度尼西亚境内创建了多座广化寺下院，如民国中期创建的印度尼西亚西爪哇嘉都乡本清寺、苏门答腊东兴宫、雅加达丹基百达新疆广化寺、苏门答腊东西觉寺、吉礁亚劳士打纲加启洛广福佛祖宫，以及雅加达广化寺和一乘禅寺等。至民国末，莆田广化寺南洋各国的下院及广化寺法师住持的海外下院已达 10 所。

莆田鼓峰涌泉寺也派出多名法师南渡，在海外各国弘扬正信佛教，并先后在印度尼西亚境内创建了椰城金德院、廖内马祖宫（兼奉观音神像）、茂物福德庙和柔佛州慈光亭等下院。至民国末，鼓峰涌泉寺在马来西亚境内拥有 7 所下院，即槟城大山脚观音亭、槟城亚依淡法华严寺、槟城亚依淡圆觉堂、槟城双溪大年普门殿、槟榔屿极乐寺、吉打州广福宫和吉打州观音亭。特别是吉打州广福宫，规模庞大，装修华丽，建筑工程历时 20 多年，至 1949 年才竣工。

莆田囊山慈寿寺也派僧人前往马来西亚、印度尼西亚等海外

侨居地募捐善款，先后在马来西亚境内创建了巴生观音亭、芙蓉坡紫竹亭和慈光亭等 3 座下院，并在印度尼西亚境内先后创建了廖内妈祖宫（兼奉观音）、椰加达金德院等 2 座下院，筹募了大批重建囊山祖寺的善款。

莆田龟洋福清寺在东南亚各国的影响力与马六甲青云亭有关。清末时，龟洋福清寺平章法师入驻青云亭，并于民国三年接任马六甲青云亭住持，使马来西亚境内最古老的华人佛寺变成为莆田龟洋福清寺的下院。随后，莆田龟洋福清寺在马来西亚境内先后创建了多座下院，如 1945 年金星法师创建的香林觉苑，1946 年青云亭众法师创建的净业寺，以及民国后期创建的马来西亚鼓峰寺等。更难能可贵的是，马六甲青云亭在莆田龟洋寺高僧的精心打理下，迅速发展成为海外中华佛教的传播中心，发起组建了马来西亚中华佛教总会，多位青云亭高僧出任马来西亚佛教总会主席、副主席等职，甚至出任世界佛教协会的主要领导职务，使中华佛教在海上丝绸之路上发扬光大。

莆田城里梅峰光孝寺的海外下院最多。据 20 世纪 20 年代统计，马来西亚吉隆坡广福宫、福泽堂、福顺堂、巴生路观音亭、槟榔屿罗山慈山寺和沙捞越古晋友圣公宫，以及新加坡境内的天皇坛、大吡叻三宝洞、圆通寺、凤山寺，以及创建于 1941 年的印度尼西亚雪兰莪州怡保路观音阁等，都是莆田梅峰光孝寺的下院。同时，在菲律宾、泰国、缅甸等国家，也有莆田梅峰光孝寺高僧驻锡的寺院。

除此之外，还有不少莆籍僧尼在东南亚各国弘法，如印度尼西亚茂物普门寺，先是忠门僧人住持，后由广化寺法师圆禅住持。马来西亚槟榔屿的天公亭、白云岩、雪兰莪的观音阁和吉打州广福宫等，都是莆籍僧人创建或住持的海外寺院。还有仙游九座寺、三会寺和会元寺，也先后派出多名僧尼前往东南亚各国弘法，如印度尼西亚苏门答腊喃旁大兴庙住持圆仁法师，其俗籍仙游。仙游三会寺如贤法师也于1947年南渡马来西亚，后在吉达州双溪古落创建一座观音亭，济度众生，普觉群迷。坐落于马来西亚槟榔屿柑仔园路的华严寺，1945年由杨宗、清源两位法师发起创建，后来得到福州鼓山涌泉寺达真和尚、妙荣法师及莆仙信众的捐助，历时两年多才竣工，于1948年举行落成典礼。华严寺继任住持清亮法师，系杨宗法师的高足，16岁时在枫亭会元寺出家，18岁在福州鼓山涌泉寺受具足戒，24岁南渡马来西亚弘法，住锡槟榔屿华严寺，继承恩师衣钵，为华严寺的发扬光大做出了重要贡献。

（二）道教文化传播

民国时期，莆仙两县道教信徒侨居东南亚各国后，也把家乡道教信仰传播到侨居国。东南亚各国道教的包容性很强，通常与其他教派及地方信仰融合在一起。许多寺庙之中，既有佛教神像，也有道教神像；既有三一教门徒，也有儒家始祖。如同治八年（1869年）莆仙移民在马来西亚巴生港创建的珠兴祠，里面供奉着佛祖、三一教主、上阳真人、太上老君和孔子等神像。又如创建于光绪二十年（1894年）的马来西亚霹雳州太平崇圣宫，其中也供奉着观音、卓真人、三一教主、天后、济公等神像。还有创建于1919年的霹雳州普仙书院、创建于1936年的马来西亚槟城玉山祠、创建于1947年的森美兰芙蓉志元堂等，都是多教合一的庙宇，里面供奉玄天大帝、注生娘娘、观音、张公圣君、吕祖和三一教主及其门徒等神像。

民国时期，在世界各国莆仙华侨华人的聚集地，创建了不少的三清殿、关公庙、土地庙、九鲤洞、五帝庙、仙公祠等。如1938年，莆田石庭华侨在新加坡创建九鲤书学社；1946年，莆仙侨民在印度尼西亚苏门答腊丁宜市创建九鲤洞分镇，将传统的九仙信仰传播到海上丝绸之路沿线国家。同时，莆仙侨胞还经常在海外侨居地开展一些道教活动，使中华道教文化在海上丝绸之路沿线国家和地区得到传承与发展。

（三）三一教海外传播

民国时期，三一教信仰沿海上丝绸之路继续向海外各国传播。由于国内战乱频繁，民不聊生，不少莆仙百姓举家前往海外谋生，其中有不少三一教门徒，他们将三一教信仰传播到印度尼西亚、马来西亚、新加坡、泰国、缅甸、越南、韩国、日本等国，以及港澳台等地区，还陆续在侨居地创建了一批堂、祠、院、洞、宫等三一教堂祠。据载，马来西亚境内有不少三一教堂祠，如马来西亚雪兰莪巴生的崇孔堂，创建于 1913 年，里面供奉着三一教主、卓晚春、观音等神像。还有创建于 1916 年的吉隆坡十五里碑的三一教堂、创建于 1919 年的霹雳州普仙书院、创建于 1935 年的马六甲九龙堂（林氏祠堂）、创建于 1936 年的槟城玉山祠、创建于 1947 年的森美兰芙蓉志元堂、创建于 1949 年的吉隆坡秋杰中南区的宗圣堂，以及民国末年筹建的雪兰莪的宗兴堂和马来西亚南部的宗贤堂、崇圣堂、殊光书院等，都是民国时创建的海外三一教堂祠。据载：“（南洋）雪兰莪方面，如吉隆之十五枝石、巴都律，巴生、巴生港口，各处皆有三教祠之设，或称宗孔，或称儒兴。崇祀之者，多为莆仙二邑之乡侨。其所奉神为三一教主，亦称三教先生，或称先生。”① 南洋各国三一教堂祠众多，信徒数以万计。

民国时期，印度尼西亚境内三一教甚为流行。据载，1935 年，郭德怀在印度尼西亚发起创立了“三教会”，其宗旨为“统一、弘扬和信奉，孔教、佛教和道教，即三教合一”，“把孔教的

① 睛山：《太谷学派之开山祖林兆恩》，《兴化文献》，1947 年版。

虔诚、佛教的超凡和道教的养性分别或结合起来加以倡导”。[1] 到了民国末期，在印度尼西亚的泗水、万隆、雅加达、爪哇、苏门答腊等华人居住地，都创建有三一教祠堂，其信徒以莆仙两县华侨为主，还有惠安、泉州、福清、福州等地的移民。

（四）妈祖文化传播

妈祖文化传承，到民国时期因受政府宗教政策影响，加上国民政府“提倡科学”“反对迷信”，以神话为内容的妈祖信仰一度受到冷落，境内妈祖信仰传承低调了许多。特别是民国中期，各地妈祖庙差点被当作“淫祠”而废除，后经各地百姓的全力保护，内政部同意将妈祖改为“孝女”，即淡化了“海神”作用，突出了妈祖的“孝悌”内涵。而海上丝绸之路沿线国家和地区的妈祖信仰传播，依然广泛流传，且越传越远，并发展成为世界性海洋文化。

民国时期，东南亚各国的妈祖信仰传播广泛，信士众多。一方面，随着海上丝绸之路的日渐繁荣，移居东南亚各国的华侨华人日益增多，增强了海外各国妈祖信仰传播与传承的基本力量。另一方面，东南亚各国华侨华人经济实力开始增强，纷纷捐建妈祖庙，推动了海外各国妈祖祭祀活动的开展。另外，民国时期，海上丝绸之路沿线国家和地区的华侨华人创建了众多华人同乡会馆，各会馆纷纷集资建造妈祖行宫。这些会馆天后宫，既是海外各国华侨华人祭祀妈祖、联谊乡情的场所，也是传承妈祖信仰的重要载体。

马来西亚是东南亚各国妈祖信仰最广泛的国家，民国时先后成立了十多个莆仙同乡会馆和同业公会，各会馆都先后筹建了天后宫。如兴安会馆总会、槟城兴安会馆、雪兰莪兴安会馆、诗巫

[1] 费心川：《世界宗教十大大全》，东方出版社 1991 年版，第 149 页。

兴化莆仙会馆、马六甲兴安会馆、霹雳兴安会馆、古晋兴安会馆和麻坡兴安会馆等，都创建了会馆天后宫。同时，全国各地华侨同乡会馆都创建了会馆天后宫，如福建会馆天后宫、潮州会馆天后宫、永春会馆天后宫、泉州会馆天后宫、漳州会馆天后宫等。据马来西亚雪兰莪海南会馆编撰的《马来西亚天后宫大观》载，马来西亚以妈祖为正祀或配祀的庙宇、会馆不少于200座。

民国时期印度尼西亚境内也创建了众多妈祖庙。据20世纪中期统计，印度尼西亚境内会馆妈祖庙多达百座，如东爪哇惠荣宫、福安宫、慈灵宫、慈德宫、福善宫、慈惠宫，苏门答腊天后宫，雅加达天后宫，锡江市天后宫，巴达维亚天后宫，山口洋天后宫等，且多为“宫馆合一”，其中福建帮有68座，占64.76%；广东帮有13座，占12.38%；山东帮有6座，占3.8%；江浙帮有6座，占5.7%；还有一座为前琉球王国商人所建。

新加坡境内妈祖信仰十分流行，妈祖庙以会馆天后宫为主，如福建会馆、福州会馆、海南会馆、兴安会馆、南洋莆田会馆，以及福建各地和外省华侨会馆，都捐资创建天后宫。还有一些民间机构如林氏大宗祠、九龙堂、福德祠、九鲤书学社等，也先后集资创建了天后宫。诸如炭商宫、粤海清庙、琼州会馆天后宫、宁阳会馆天后宫、义顺西河公司天后宫、木山圣母宫、星洲金榜山亭天后宫、林厝港亚妈宫、云峰天后宫、浮罗乌敏半港天后宫、后港联合庙天后宫、林氏大宗祠九龙宫等。据不完全统计，民国时期新加坡境内有50多座妈祖宫庙。

越南境内妈祖信仰十分广泛。据不完全统计，湄公河流域共有70座天后宫，其中54座由华人创建，16座由越南当地人所建，分布在芹苴市1座、线江省2座、槟椥省4座、永隆省6座、隆安河3座、茶荣省11座、安江省4座、当江省8座、朔庄省16座、勃廖省7座、金瓯省8座。从越南境内妈祖庙分布情况看，

胡志明市最多，共有33座，东南部有20座，中部沿海地区有8座，北部地区有3座。据不完全统计，全越南共有123座天后宫，南部最多，约占越南境内妈祖庙总数的93%，可见越南境内妈祖信仰之广泛。

朝鲜境内妈祖信仰流传时间最长，始于宋代，一直传承至民国。据载，1916年，华人在仁川创建义善堂，现存一块“慈航普渡”的匾额，堂中供奉观音、关公、妈祖、龙王、胡太等神像。1919年，朝鲜半岛的仁川元山港口也建设了一座神庙，里面设有妈祖神坛，存有一块“慈云均沾”的匾额。另外，1928年，朝鲜仁川海边也有妈祖庙。到了民国末，朝鲜半岛的清津、兴南、罗津、元山、城津港口都有妈祖庙。妈祖信仰不仅仅局限于航海者，朝鲜的商人、渔民等都有信仰妈祖。

民国时期，日本境内共有17座供奉妈祖神像的庙宇，主要分布于日本长崎、神户、鹿儿岛、冲绳、茨城、青森、千叶、神奈川、大阪、兵库等地区。据载，日本专家对妈祖信仰倍感兴趣，民国时期出现了专门研究妈祖信仰的团体——“妈祖会”。日本横滨有条中华街，每年都要举办“妈祖节”或“妈祖祭”活动。日本长崎每年举行的大型“灯会”，其点灯仪式启动中就有“妈祖队列”项目。长崎的妈祖列队表演，再现了明清时期中国船队停靠长崎港的情景，以及当时海上丝绸之路的盛况。

民国时期，由于海上交通工具日益改善，远洋轮船可以横跨太平洋、大西洋、印度洋而直达亚洲、非洲、欧洲、南美洲、北美洲的各个临海国家和地区，妈祖信仰伴随华人足迹和海上轮船迅速传播到30多个国家和地区。

总之，莆仙境内民间信仰众多，流传甚广。这种植根于百姓生产生活之中的民俗文化，蕴含着深刻的思想、道德、伦理和信仰价值，涵盖了民间信仰、宗教、历史、文学、艺术、社会学、人类学等学科领域，不但成为中华传统文化的重要组成部分，而且渗透到广大民众生产生活之中，既为地方经济社会发展添砖加瓦，又成为海上丝绸之路文化交流的重要内容。

四、西方基督教在莆田境内的传播

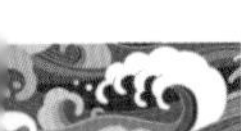

（一）西方基督教在莆田境内由盛而衰

民国时期，西方宗教通过海上丝绸之路大举传入中国，对中国政治、经济、文化和社会发展产生了重大影响。莆仙境内教堂林立，教徒众多，基督教文化一度出现了鼎盛。民国中前期，莆仙境内各基督教会发起“自立运动”，逐渐脱离西方基督教的控制，实现了“基督教本土化”，建立了具有中国特色的基督教。民国后期，由于战乱、经济萧条、教会经费困难等原因，境内教堂锐减，教徒纷纷离教，教会学校大幅减少，各种公益事业陆续停办，西方基督教在莆田境内从高潮走向衰落。

（二）西方基督教在莆田境内的布道方式

民国时期，基督教传教士的传经布道方式与清代时大同小异，主要有宣教传道、教育传道、施医传道和公益事业传道等，其中较有创新意义的为基督教的“自立运动”。通过“自立运动”，中国基督教逐渐脱离了西方教会的控制，逐步实现自传、自立和自养，并迅速发展成为具有中国特色的基督教。

1. 兴办教育

民国时期，美以美差会继续从事教育传道，教会学校日益增多，遍布莆田城乡。据 1916 年统计，美以美差会在莆仙境内创办有 6 所中学、151 所小学、37 所义塾，学校教员 190 人，学生 4327 人。但从 20 世纪 30 年代起，教会由于经费紧张，陆续停办或合并了一批小学，到了 1941 年，美以美差会小学只剩下 6 所，即育涵小学、铸明小学、化石小学、善育小学、铸德小学、铸青小学等，教员 59 人，学生 1571 人。

莆田圣公会的教育传道也是卓有成效。民国初，圣公会在城里创办了第一所国民小学。至 1916 年，境内共有圣公会小学 28 所，其中两等小学 3 所，初等小学 25 所。民国中后期，圣公会因办学经费紧张，停办合并了一批学校，至 1941 年，境内圣公会小学只剩 2 所，即仙游培元小学和莆田哲元小学，学生 492 人。

民国时期，莆田境内教会还创办了一批职业技术学校，如兴化私立师范学校、兴化双凤医学校、兴化圣教医院附属看护堂、仙游道德学堂简易师范班、仙游美以美医院附设学校、莆田圣路加医院附属看护训练班、仙游县协和医院附设红十字初级护士学校、莆田私立圣路加高级护士助产职业学校、仙游红十字会附设红十字高级护士职业学校等。[①] 这些教会学校和职业教育学校，为地方培养了一大批技术人才。

2. 办医院

医务传道始终是西方基督教最重要的传经布道途经。民国初期，莆仙境内共有 6 所教会医院，即美以美差会创办的涵江兴仁医院、仙游女医馆、黄石仁济医院，莆田圣公会创建的莆田圣路加医院、仙游私立圣教医院、江口圣路加医院分院、圣路加涵江妇幼分院等。民国中期，美以美差会与圣公会将仙游两家教会医院重组成“仙游协和医院”。同时，各教会还在各乡镇相继创办了一批产科院、妇幼医院和门诊室等，达 30 多处。尽管教会医院的初衷是传经布道，但教会医院对教友和经济困难民众给予免费治疗，带有一定的公益性。同时，教会医院在推广西医西药、引进

① 莆田市教育委员会：《莆田市教育志》，方志出版社 2000 年版，第 149—150 页。

西方医院管理理念和先进诊疗方式、引进外国医院护理制度，以及推动地方医疗卫生事业发展等方面起到了积极作用。

3. 创建公益事业

民国时期，教会除了教育传道和施医传道外，还创办了一批孤儿院、盲人院、麻风院、戒烟社、戒毒所、公德社等社会慈善机构。如美以美差会创办的善育堂，至 1915 年，孤儿人数已达 250 人。由于孤儿人数剧增，城里善育堂容纳不下，美以美差会于 1916 年在莆田黄石购买千余亩土地，投资新建了善育堂宿舍、食堂和教育大楼。1945 年改善育堂为育幼院，并附设有小学、医院、牧畜、工艺局等，设备充实，教养相施。[①] 1917 年，又附设了“农学校”，聘请农学老师教授学生耕种技术，提高孤儿从事农业生产的技能。莆田天主教也创办有育婴堂，如 1918 年，路霍神父在（城里）天主堂内盖 1 座 3 层的仁慈堂，把平海育婴堂并入，由菲律宾修会派来西班牙籍修女 2 人，共收容婴儿 120 人。[②]

民国时期，莆仙两县还有 3 座教会创办的麻风院，即莆田安福麻风院和仙游枫亭塔兜岭麻风院、灵陂麻风院等。安福麻风院于中华人民共和国成立后改为公立莆田麻风病院，仙游灵陂麻风院于中华人民共和国成立后改为公立仙游麻风病院。由于当时地方政府没有设立麻风院，教会麻风院在收治麻风病人和预防麻风传染等方面做出了重要贡献。

① 张福基：《兴化卫理公会史》，第 279 页。

② 莆田市地方志编纂委员会：《莆田市志》，方志出版社 2001 年，第 2626 页。

下篇

第一章

莆田港口开发及其演变

自汉代起，主要是唐代，莆田、仙游两县港口崛起。宋代，莆田进一步开发，形成港口群，成为海上丝绸之路一处重要的节点。近代，三江口港崛起，带动涵江成为“小上海”。20 世纪 80 年代起，莆田市利用港口资源优势，着手开发湄洲湾港，形成以湄洲湾港为龙头的，包括三江口港在内的大型的湄洲湾港港口群，并在全国“一带一路”建设实施中发挥着港口独特的、巨大的作用。同时，莆田大地上产生的妈祖文化，成为海上丝绸之路的文化使者。

正如上篇所述，莆田与全国沿海各个地区以及海外的交通、经济、文化往来，有着悠久的历史，是海上丝绸之路沿岸的重要节点。

第一节　莆田港口开发历史

莆田位于闽中，依山临海，地理位置独特，水陆交通便捷，又具备开发大中小港口的三大湾，甚至还有开发特大港口的丰厚资源。莆田港口开发历史悠久，可以追溯到汉代和南北朝时期。随着经济和技术发展及国家需要，莆田港口建设和规模越来越大，越来越近代化、现代化。莆田的港口在历史上曾发挥了渔港、商港、中转港、军港的作用，至今仍保留着大量的遗迹、遗址以及文物、传说故事。

远古时期，地壳变迁，莆田地区地形地貌发生变化。汉代，海潮仍澎湃涌至高望山下（今仙游县榜头镇）和越王山下（今涵江区白沙镇）。新石器时期，先民们就在这一片土地上生息繁衍，并与大海打交道。他们“刳木为舟，剡木为楫”。汉代时，汉武帝派大将朱买臣率领大军平定闽越人叛乱。进军莆田地区的军事行动，就是水陆并进，部分官兵从海上进入莆田一带。闽越台、鸡子城、蛇湾城遗址见证了那一段战争历史。

汉代，莆田就有了港口。仙游县榜头镇后南溪村港口和涵江区白沙镇港口村港口，就是现代港口的雏形。南北朝陈时，蒲口港又出现在莆田大地上。

唐代，莆田县继蒲口港之后，又开辟了白湖港、迎仙港、涵头港、黄螺港、青螺港等港口，初步形成了早期的港口群。

宋代，特别是木兰陂等水利工程建成，移民渐多，兴化军（包括莆田县和仙游县、兴化县）经济迅速发展，相当繁荣，潭边镇、龙华镇、中岳镇、太平镇、白湖镇、宁海镇、黄石镇、涵头镇、迎仙镇等集镇崛起，加上造船业发达，教育文化迅速发展，对外经济、文化交往更加频繁，出现了开发港口的热潮，但蒲口港却衰落下去，为白湖港所取代。

宋代，白湖港、涵头港、宁海港、江口港、平海港、贤良港、吉了港、小屿港、太平港等崛起，形成了庞大的港口群，与泉州、

福州、漳州等地港口一起，作为福建海上丝绸之路一处重要节点，与国内，也与海外国家进行商业贸易和文化交流。当时，宏大的商船满载着货物，从兴化各港口起航，向北到达国内诸港口，又经明州（今宁波）向东前往日本、朝鲜，或直接向南前往我国南方各港口，又经东西洋，直达东南亚、南亚和西亚各国，乃至转运至欧洲国家。

元明清时期，兴化各港口在曲折中发展。白湖港衰微，宁海港兴起。兴化地区通过宁海港、涵头港、贤良港、吉了港、小屿港、太平港，与我国其他地区经济、政治、军事、文化往来，与海外各国交往也持续不断。同一时期，兴化各港口促进了中外商业贸易往来与经济繁荣、文化发展。

近代以来，除了涵江港、江口港、秀屿港、枫亭港（太平港）、平海港外，三江口港异军突起。同时，数十座小港口，如冲沁港、美澜港、黄崎港、后海港、石城港、赤岐港、东潘港、前海港、湄洲港、双溪港、太湖港、高第港也被开发出来。

现代，湄洲湾港迈开大规模开发的步伐。自 20 世纪 80 年代中期起，秀屿和东吴港、罗屿港都开始大规模开发。湄洲湾南北两岸掀起建设港口码头的热潮。

第二节　唐及以前莆田港口崛起

莆田海岸线曲折，澳口众多。随着时代的发展，莆田不断开辟港口，适应经济、文化发展和对外交往的需要。唐代以前开辟的港口，如下：

南溪港口，是莆田传说中最早的港口之一，位于原兴化湾湾顶、山海交汇处和主港道末端、今木兰溪上游、榜头镇后南溪村。据清乾隆版《仙游县志·舆地志》记载：木兰陂建成前，海潮会涌入仙游县折桂里的灵陂，“回流八十余里”。汉代时，今仙游东西乡平原是兴化湾的一部分，仍是海湾、滩涂。先民们就在湾口处构筑码头，停靠船只。榜头镇后南溪塔山现存的望夫塔及其美丽的传说，见证了这一港口码头的历史。

白沙港口，是莆田传说中最早的港口，位于萩芦溪畔、今白沙镇港头村。考古发现，古代，海潮溯萩芦溪而上，直至今白沙镇一带。汉代以来，莆田先民于此地开发港口码头，与外界往来。今白沙镇以古港口命名的港头村村名，记忆了港口这一历史遗迹。

蒲口港，也称为“莆口港”，位于木兰溪北岸、兴化湾畔、今莆田市区西南部一带。传说是南北朝南朝时莆田先民修建的。方志介绍：梁陈时期，“海潮直至南山之下，波光山色，互相动荡”。[①] 先民们在兴化湾畔蒲口依地势构筑港口码头。

史书记载，陈天嘉五年（564 年），陈宝应据建安（今南平市）、晋安（今福州市）二郡，章昭达等讨之，宝应败走，逃至莆口。[②] “莆口”也即是“蒲口”。这是有文字记载的原莆田县历史上最早的港口之一。舟船从此地出发，经海上丝绸之路与外界各个地区往来。

唐末莆田著名诗人黄滔在《出京别同年》诗中写道：“一枝仙桂已攀援，归去烟涛浦口村。”“浦口”这一名字，也见证了南北朝时莆田港口的存在。黄滔又写道：“大舟有深利，沧海无浅波。

① （明）周瑛、黄仲昭：《兴化府志》，福建人民出版社 2007 年版。

② （宋）司马光：《资治通鉴》第十二册，中华书局 2011 年版。

利深波也深，君意竟如何？鲸鲵齿上路，何如少经过。”①

由此可见唐代莆田海上贸易、船只往来及港口码头踪影。蒲口港码头遗迹今虽难以寻觅，但却成为莆田港口发展的一段历史记忆。

白湖港，唐代开始成为莆田另一处重要的港口。中唐时在北洋围海造田，南洋修筑海堤，开垦农田，南北洋平原初步形成。经济发展了，对外往来多了，先民们便在县城之南兴化湾畔、木兰溪堤岸构筑白湖港口。

与此同时，唐代莆田先民又在兴化湾畔、木兰溪下游堤岸上开辟宁海港、涵头港。其中涵头港位于县城东北二十五里许、兴化湾畔。唐代，也开始在兴化湾畔、萩芦溪出海口开发迎仙港。

黄螺港，位于湄洲湾北出海口，原莆田县忠门半岛南端，今北岸管委会港里村，面对湄洲岛，南有半月形港湾，水域约 200 平方千米。唐代时兴建一座码头，称为黄螺港，船只既可在这里出海，又可来这停靠。南来北往的船只还可以到此避风。方志介

黄螺港码头

① （唐）黄滔：《莆阳黄御史集》，商务印书馆 1985 年版。

绍："贤良港，在莆禧千户所前。有山如象形，横亘港上。居民数百家。俗呼为黄螺港云。"[①] 唐代就已是莆田县一处较为繁荣的港口，是古代莆田著名的港口。

青螺港，即太平港，位于湄洲湾畔、枫慈江出海口。早在唐代，这里便初步开发并形成港口。唐代"太平港就开发通航，对外贸易发达，商贾云集"，成为"灯火万家"的"都会"。

小屿港，位于湄洲湾内澳北岸、礼泉半岛末端秀屿。唐代时这里是牧区，并在这里开辟港口。6 世纪中期，秀屿已有海道与外界通航。

第三节　宋代兴化港口群形成及其发展

宋代，莆田与海上丝绸之路关系更加密切。兴化军莆田县、仙游县、兴化县三县人口增加，特别是莆田县，经济发达，教育文化繁荣，对外联系更加紧密，并形成了更大的港口群，如白湖港、宁海港、水南港、涵头港、江口港、贤良港、吉了港、小屿港、太平港、平海港等，与国内各港口，还有海外国家和地区商业贸易往来、文化交流、政治交往更加频繁。

宋代，宋、辽、西夏以及取代辽的金等政权并立，纷争不断，频频发生战争。终宋一代，陆上丝绸之路中断，朝廷急需一条对外往来的新通道，海上丝绸之路应时发展。

《宋会要辑稿·职官》介绍：北宋有"漕引江湖，利尽南海"

① （明）周瑛、黄仲昭：《兴化府志》，福建人民出版社 2007 年版，第 227 页。

政策，南宋也鼓励“商贾懋迁，以助国用”。宋高宗曾说：“市舶之利最厚，若措置合宜，所得动以百万计。”因此，宋朝廷特别重视海外贸易，先后与东起朝鲜、日本，南达东南亚，西至波斯湾和非洲东海岸等国家和地区建立了贸易关系。海上商业贸易成为其重要的经济命脉，外贸收入成为朝廷收入中重要一项。南宋时外贸高达二百万缗。同时，民间从事海上商业贸易赢利也很高。

宋代时已开通从东海、南海至海外一些国家和地区经济、文化、政治往来通道，海上船只往来频繁。兴化军，位于东海至南海之间，台湾海峡西岸，处于海上丝绸之路要冲地带。当时，海上航行几乎都是沿着海岸线而行进，因此兴化军形成了南日水道等海上通道。这一重要水道就在兴化军莆田县埭头半岛石城与南日岛之间海域。

宋时，兴化军已被大规模开发，其开发路径是从山区和沿海丘陵地带开始的。之后，开发东、西乡平原和兴化平原。到了宋代神宗熙宁（1068—1077）年间，随着木兰陂构筑成功，兴化平原最终形成，并从西向东延伸，至兴化湾畔。兴化平原经济面貌大为改观，黄石、白湖、涵头、江口成为大市镇与商品交易中心。随着经济发展，除军学、县学之外，还在黄石创办了“红泉书院”，在白湖创办了“仰止堂”，在涵头创办了“涵江书院”，在太平镇创办了“会元书院”，等等。

从此，兴化军经济、教育、文化进入大发展时期。其间，农业、手工业和商业全面发展，对外贸易也盛况空前，航运事业也进入鼎盛时期，以白湖港为首港的港口群形成。兴化军造船业也非常发达，是福建四大造船中心之一。此外，兴化的航海技术也进一步提高，开辟了新航线，航程更远，大量游商海贾从兴化各港口扬帆出港，远赴海外贸易。

宋代，兴化军各港口，特别是白湖港、太平港成为海上丝绸之路沿岸地区重要节点与商品重要集散地。船只由兴化军港口出发，经北航线直至江浙、淮东、山东各港口，还远航朝鲜、日本。经南航线直至两广，远航东南亚各国和阿拉伯国家。泉州纲首朱纺“舟往三佛齐，往返曾不期年，获利百倍。前后之贾于外番者，未尝有是”。

宋代还产生了全国性的航海保护神妈祖。

宋时，兴化军在兴化湾、平海湾和湄洲湾岸线等处兴建了一批港口。其中，兴化湾内“别有支海三四，一自下黄竿而入，过三江口，西行历宁海、清浦、章头渔港、白湖，至杭头而止，长可四十里，广可五十丈，此水善为曲折，旧号羊肠，南北两洋以此为界。所谓莆水也”。继迎仙港、涵头港后，兴化湾畔又开发出宁海港、水南港、江口港等。

湄洲湾内，“又南一支，最大而长，绕壶公山之后。初由吉了而入，经罗屿、小屿、太湖、东渍、东沙，西至仙游境，分而为二，一入枫亭，曰太平港；一入双溪，曰双溪港”。[①] 在湄洲湾畔，进一步开发了贤良港、吉了港、太平港等。

在平海湾也开辟了平海港等港口。

白湖港，宋代兴化军最重要的对外通商港口、“水市”，为闽中货物集散地，“南北商舟会焉”。它位于兴化军城东五里、兴化平原腹地、木兰溪畔白湖渡。船舶由此出发向东出兴化湾，进入南日水道。宋乾道《莆阳图经》记载：“白湖东引沧江，介延寿、木兰二水之间，南北商舟会焉。”清乾隆《湄洲志》也载：“宋绍兴二十七年（1157 年）秋，莆田东五里许有水市，诸舶所聚，曰

① （明）周瑛、黄仲昭：《兴化府志》，福建人民出版社 2007 年版，第 201 页。

白湖。”民国时张琴《莆田县志》也记载：“宋时白湖初筑浮桥，海舟可直达木兰陂下，故以上杭为上杭头，以熙宁桥为下杭头。‘杭’为‘航’之讹。”

北宋时，白湖港就已取代莆口港，相当繁华。

熙宁（1068—1077）年间，莆田诗人陈叔侨《熙宁桥》诗描写了当时白湖港的繁华景况：

千寻水面跨长桥，隐隐晴虹卧海潮。
结驷直通黄石市，连艘横断白湖腰。

熙宁桥与白湖港遗址

到了南宋，白湖一跃成为莆田县重要的市镇，经济发达，人口密集，物资集散，交流频仍。

绍兴二十七年（1157 年），白湖港畔还兴建了“白湖顺济庙”，供奉海神妈祖。状元黄公度《题顺济庙》诗：

枯木肇灵沧海东，参差宫殿崒晴空。
平生不厌混巫媪，已死犹能效国功。
万户牲醪无水旱，四时歌舞走儿童。
传闻利泽至今在，千里危樯一信风。

宁海港，位于兴化湾畔、木兰溪下游北岸、白湖港之东（今涵江区镇前村），即白湖港下游的古宁海渡，是宋代兴化军重要港口之一。

宋《元丰九域志》“莆田县”条记载：“莆田六乡，宁海、安德二镇一盐仓，有壶山、大海。”可见，宋代时宁海镇已是一处大集镇，兼且处于木兰溪下游，江宽水缓，是建港的理想场所。因此宁海港得到开发，相当兴旺、繁荣，几可与白湖港比肩。据载，每天进出宁海港口的船只近百艘，兴化商品汇集宁海港。

涵江港，又称端明港、涵头港，位于今涵江区新桥头至海岑前一带。涵江港由海岑前港和新开河港组成，海运畅通，对外贸易发展，推动了涵头镇的迅速崛起。方志介绍，涵江市“市濒海港，鱼盐之所聚，商贾之所集，亦莆名区”。①

江口港，位于兴化湾畔、萩芦溪出海口右岸、今涵江区江口镇，福（州）、兴（化）、泉（州）驿道——福建沿海主干道经过江口。宋代设置迎仙驿，水陆交通方便。明兴化府志介绍：南宋初，江口既是兴化军莆田县一个市镇，又是一处港口。江口港，逢时而崛起，成为白湖港的辅助港口。

太平港，由霞桥港、沧溪港、徒门港组成，位于湄洲湾畔、仙游县螺江（俗称枫亭溪）出海口（即今仙游县与城厢区、惠安县三县区枫慈溪、沧溪出海口）。福、兴、泉驿道经过此地，水陆交通便捷。

宋代的太平镇，经济繁荣，科举兴盛，蔡氏一个家族便产生了33位进士。《螺江风物志》描写宋代太平镇之繁华：“一哄之市，百货骈集；五达之逵，四方会通。千门楼阁而鳞迭，万

① （明）黄仲昭：《八闽通志》，福建人民出版社1996年版。

室罗绮而尘红。”“列肆喧雷，长桥跨虹。”“阅千家之亭台，则奇花斗艳，异卉争芳。盖不特桃红而李白，橙黄而橘绿；夏之石榴、茉莉，秋之木樨、芙蓉。”市镇发展又推动了港口进一步开发。

宋黄岩孙《仙溪志》记载：“枫亭市，在连江里。人家并海。土产砂糖。商舟博贩者率于是解缆焉。”又记载：“货殖之利则捣蔗为糖……布帛之幅，则治麻与蕉……凝土而燔之窑，则埏埴之器通于三邑；煮铁而出之模，则鼎釜之利及于旁郡。”“砂糖，捣蔗为之。太平港借此取易。”《螺江风物志》说：宋代，枫亭盛产荔枝、蔗糖、食盐、水族，促使渔船、商船云集于此。招来“遐珍远货，不可殚名者，辐辏于南北之贾客”。相当繁忙。

宋代太平港，“海潮至此，首受枫亭溪、沙溪之水，并入于海。而吉了、小屿、莆禧、平海商贩船只，皆集于此”。[①]“舳舻衔尾，风涛驾空”，一派繁荣。商船“顺风扬帆，不数日而达于江浙淮湖都会之冲”。

贤良港，由黄螺港易名而成。宋代，贤良港不仅是渔港，还是处军港，也是进出湄洲湾和南北往来商船必经之地。宋初，这里诞生了名扬四海的海神妈祖，其港声名更大。

吉了港，原名系蓼，雅称吉江，又称鸡了港、吉蓼港，位于湄洲湾畔、今北岸管委会东埔镇梯吴村（原莆田县忠门半岛梯吴村）。宋代，渔船商船停泊于此，遂开发为港口。宋熙宁四年（1071年），修建吉了寨，修筑了城池，时称鸡了城，又名吉蓼城。宋一代，这里“商贸盛行，海船聚泊城下”，十分繁忙。

---

① （明）周瑛、黄仲昭：《兴化府志》，福建人民出版社2007年版，第249页。

小屿港，小屿原在海中，为小岛，宋代称猴屿，屿上建有柳侯祠。潮退有石桥可渡。位于湄洲湾畔、今秀屿区礼泉半岛莆头村。宋代，小屿港口再次崛起，“居民千余家”，与外界通航，也是商贾海舟集结之地。

与港口相联系的是航线和运输船只。随着对外经济文化往来的发展以及指南针发明并运用于航海上，兴化对外航线由近及远，由沿着海岸线航行，发展到跨海航行，交流的地区和国家更多更远了。宋代，从兴化军各港口出发的船只或船队，到国内各港口或海外各个国家，一般都是沿着两条航线航行。其一，南路航线，即沿水道前往泉州、厦门、月港、广东、台湾等地，直至海外占城（今越南）、罗斛（今泰国）、真腊（今柬埔寨）、三佛齐（今苏门答腊）、阇婆（今爪哇）、渤泥（今文莱）、麻逸（今菲律宾），或穿过马六甲海峡，直达印度洋，到达马八儿（今马拉巴尔）、大食等国家和地区。其二，北路航线，即沿水道北上福州、温州、宁波（古称明州）、上海、江淮、山东等地，并经过明州，穿过东海，前往朝鲜、日本等国家。

与此同时，兴化军的对外贸易发展也推动了造船业的迅速发展，航海技术也迅速提高。史载，面海的兴化人先祖，很久以前就已“刳木为舟，剡木为楫”。唐代，莆田县造船业形成一定的规模。到了宋代，莆田县能造大型双桅杆木帆船。这些船只从兴化军各港口出发，沿海岸线航行至江浙、山东、河北、东北各港口，还可穿越东海、南海航行至朝鲜、日本、东南亚和阿拉伯国家和地区。正如《宋会要辑稿·刑法》所说：“嘉定五年九月二十八日，臣僚言，‘窃见漳、泉、福、兴化，凡滨海之民所造舟船，乃自备财力，兴贩牟利而已。’”地方史志也介绍：“在宋代，福州、泉州、漳州和兴化都是全国重要的造船基地。”[①]

海上丝绸之路节点很多。宋代，船只从宁波、泉州、广州以及北方登州等港口出发，经东海，穿过台湾海峡，再顺海路前往东亚和东南亚以及西亚、东非沿岸各个国家和地区，然后又返回各港口。满载货物的船只曾从兴化各港口起航，向北到达江浙以及北方沿海诸港口，向南可达广东沿海各港口。至于海外，则可航行至朝鲜、日本及东南亚，甚至更远的国家和地区。正如宋莆田人方略在《有宋兴化军祥应庙记》中所说：“往时游商海贾，冒风涛，历险阻，以谋利于他郡外蕃者。”北宋莆田人蔡襄在《荔枝谱》一书中也十分详细地描述宋代兴化商船起止的地区和国家：“水浮陆转，以入京师，外至北漠、西夏，其东南舟行新罗、日本、琉球、大食之属，莫不爱好，重利以酬之。故商人贩益广，而乡人种益多。一岁之出，不知几千万亿。”

第四节　元明清时期兴化港口群的变化

元明清时期，随着经济地理变化，兴化港口群组成也不断发生变化。这一时期，白湖港、迎仙港衰落。兴化港口群中，宁海港、涵江港、三江口港、江口港兴起，秀屿港、吉了港、贤良港、太平港时兴时衰，平海港、湄洲港（澳）、青山（澳）港等港崛起。兴化港口群对整个地区对外经济文化交流仍起着重要的促进作用。港口兴衰，也同整个兴化地区经济文化繁荣紧密联系在一起。

---

① 陈衍：《福建通志总卷》。

一、元代兴化港口群变化

元代，国家实现大一统，统治者对于海外经济文化交流采取积极的态度。元朝通过陆上丝绸之路和海上丝绸之路与国内各地和国外各国交往非常密切。可是，兴化路却是另一番景象。在宋末元初，“兴化军最小，抗元最烈”，陈文龙领导抗元战争失败后，其叔陈瓒又继续起兵反元并收复军城。元军对兴化军民实行疯狂报复，兴化路特别是莆田县遭到严重摧残。元代，特别是元末，兴化路受泉州动乱影响，又一次遭到破坏，人民流离失所，经济文化一直不景气，发展非常缓慢。但在对外经济文化交流方面，“初，元政宽纵，听民与番为市，故海岛居民多货番”。对外往来仍然持续进行中。

元代，莆田称兴化路，兴化港口与国外通商的国家和地区比宋代更多，主要港口和航道有所变化。特别是元元统二年（1334年）宁海桥的建成，便利了陆上交通，正如明陈经邦《宁海桥记》所写：“跨溪海之吭喉，東潮汐之吞吐。”元后期，木兰溪中游航路受阻，白湖港淤塞荒废，宁海港也受到很大影响。而涵江港进一步发展，取代白湖港，成为主要港口。

三江口港，位于兴化湾西部湾顶、木兰溪与延寿溪汇合处左岸，背靠涵江古镇，外通兴化湾，水陆交通便捷。元代后期，三江口港悄然兴起，并逐渐成为兴化对外贸易的重要港口。与此同时，相邻的黄石市兴起，成为莆田县甚至兴化路的商贸中心。明弘治《兴化府志》记载：“黄石市，地跨莆田、景德、连江、谷清四里，居人延亘千余家。……而果园蔬畦映左右，当市闹处，货物充斥，买卖旁午，……浦头有食物及杂货等铺在焉。后度有铜铁铺及结珠灯人家。西街今呼书街，鱼鲜、朱谷行市集此。”

元代，江口市崛起，成为水陆交通要冲，江口港亦成为“南北商舟所泊”。

元贡师泰在《玩斋集》中介绍，兴化路海上商人财力雄厚，拥有一支庞大的船队，“大舶二百艘”，“小舶不计”。元洪希文在《续轩渠集》中也介绍莆田县人征仲坚“远舶海邦，阅八寒暑”。这就是说，元代莆田仍有一支庞大的船队航行在海上丝绸之路上，从事对外贸易等活动。

元代，秀屿港发展成为食糖、食盐、水果、花生、陶瓷、杉木、中医药材、土苎、麻、棉、细布等商品贸易中心，是莆田、仙游、惠安三县进出口商品集散地。

太平港，元初，船只沿着枫慈溪可上行至焦溪、赤溪、太平陂。元中期，太平陂建成，船只不能直达枫慈溪上游。至顺元年至至元元年（1330—1335），霞桥商人依托码头，建粮食、食油仓库和货栈，经营北方食油和棉花，售往仙游、莆田、惠安、永春、德化等县。因此，太平（霞桥）港逐渐兴起。枫亭人林蒙亨在其著作《螺江风物赋》中说：“极莆阳而南，其地为枫亭，……其斥卤之滨，则煮海以为盐。荡以信潮之汹涌，暴以朝日之曈昽；场地既干，……皎皎乎太白峨眉之雪，眩转的砾，不澌不融。”“其沃衍之畴，则植蔗以为糖，于以盛之万瓮竹络。于以奠之，千艘桂楫，顺风扬帆，不数日，而达江、浙、淮、湖都会之区。”明弘治《兴化府志》记载：元代，太平港“重载而来，轻赍而去者，大率贸白金而置青铜。……舳舻衔尾，风涛架空。粒米之狼戾，海物之惟错，遐珍远货，不可殚名者，辐辏于南北之贾客”。可见，当时太平港贸易还是很兴盛的。

平海港，位于平海湾畔、平海半岛平海村，古称南哨澳，元代继续开港，主要是以捕鱼为主，兼以海上运输。

二、明代兴化港口群变化

明代，兴化港口群有新的发展和变化。

明代，兴化府经济、教育、文化都迅速恢复，到了嘉靖（1522—1566）前期达到鼎盛，对外经济文化交流频繁。但是，嘉靖后期，倭寇不断侵犯兴化地区，甚至侵占平海卫城、兴化府城，抢掠烧杀，破坏极其严重。戚继光三次率兵援助，取得林墩大捷、平海卫大捷、鲤城大捷，平定倭患。之后，兴化府经济、教育、文化又很快恢复发展，也推动了港口的建设和发展。

明代，兴化府港口发展虽一度遇到重大挫折，但仍保持良好的发展态势，港口和造船业有新的发展，并涌现出新兴的港口。兴化商人和商船从兴化港口出发，通过转口与海外国家和地区进行贸易。

明嘉靖年间，倭寇多次侵掠烧杀兴化府，宁海港和黄石市一带沦为废墟。兴化商贸中心、货物出口等转移至涵江港和三江口港。宁海港日渐荒废。明弘治《兴化府志》也记载："旧有宁海镇，今废。"

明代，继白湖港、宁海港之后，涵江港迅速发展起来。明永乐（1403—1424）后期，涵江港盛极一时。正如明永乐年间进士、诗人王伟吟诗所反映：

涵江自昔繁华地，桑柘连荫百余里。
笙歌摇曳树底闻，甲第巍峨空中起。
人事变更非昔时，荒烟落日清猿悲。
豪华意气今安在，唯见江流无尽期。

南州文学东鲁客，岁晏迢迢赴京国。
纷纷冠盖钱江湄，醴酒长歌吊遗迹。
酒酣分袂各赠言，事业相期追前贤。
风帆向晚去如泻，天涯极目空云烟。

明朱澍《天马山房遗稿》记载：“今闻广东高州有谷船到海上，……三只入涵头。”明弘治《八闽通志》载：涵江市“市濒海港，鱼盐之所聚，商贾之所集，亦莆名区”。明弘治《兴化府志》也说：“涵江市，长三里许，人家稠密，商贾鱼盐辐辏。”

三江口港，元代崛起，明代，三江口港地位和作用更加突出，被称为咽喉之地，不但经济上进一步繁华，军事上也发挥了守备作用。明中期以后，遭到倭寇严重摧残，一蹶不振。倭寇平定后又逐步繁荣起来。

江口港，明代中叶，迎仙港式微并最终荒废，江口港崛起。明初开始，江口设巡检司、驿铺。

明代的江口港既是商港，又是渔港。明弘治《兴化府志》载：“南北商舟所泊，人烟稠密，环山而居。”明诗人朱应在《江口桥》诗中这样描写：

长风吹散半溪烟，千尺晴虹跨海天。
山势北来通蒜岭，水声南去接莆田。
夕阳官客停征旆，夜月渔翁泊钓船。
何日归来重驻马，濡毫重续旧时篇。

明代，秀屿港进一步开发，发展成为莆田、仙游、惠安等县货物的重要吞吐口岸。明嘉靖十三年（1534 年）是秀屿海运的鼎盛时期，秀屿与附近前云、东沁一带商船云集，成为沿海对外通航的重要港埠之一，还设置巡检司、烽燧，并有军兵卫护。

清《鳌城刘氏族谱》记载：“明时，秀屿人丁兴旺，富甲莆阳，商舶巨舟逾四百艘。商贾云集，岁得利不下二十万金，殷实甲于莆之东南。”

吉了港，既是渔港、商港，又是海防要地、军港。明洪武二十年（1387年）重修吉了寨城，后又把南日山水寨移至吉了。开放海禁后，吉了港迅速繁荣起来。明王小桂《秒岩管班录》《奉郡守先生论筑城书岩管班录》载：“（吉了寨）人烟万三，居民约千家，皆以渔为业”，“商船巨舟，头尾相连。”“举坊市之民，仅百余家。”明朱淛《天马山房遗稿》载：“今闻广东高州有谷船到海上，……一只泊在吉了。”当时，吉了港作为进出口贸易港口可见一斑。

太平港也是明代兴化府主要港口之一。明代，太平港由霞溪港和沧溪港两港码头组成。弘治《兴化府志》介绍：“太平港在县东南五十里枫亭市之北。……吉了、小屿、莆禧、平海商贩船只，皆集于此。”其中，沧溪港每逢大潮时帆船如织，从外地运来海产品转售仙游、永泰、德化等地。

平海港，明代之初，南哨改名平海，设置平海卫，构筑卫城，管辖莆禧千户所、南日山水寨和一批巡检司。平海港作为军港繁忙起来。时任兴化知府陈效《海上点兵观海有作》诗云：

平生抉量等蜗牛，今日雄观隘九州。
大地茫茫宁有外，百川浩浩总归流。
云收岛屿依稀见，日暖鱼龙自在游。
极目大东青一点，问人云是小琉球。

整个明代，朝廷对外政策时有变化，郑和下西洋打开了与海外数十个国家的外交、经济贸易、文化交流关口，到了明英宗时，明朝廷又实行海禁政策，禁止私人出海，直到隆庆开海。这一时

期，东南沿海各地包括莆田的海外贸易走过了曲折的路程，最终进入一个新的时期。

值得提起的是，在明永乐至宣德年间，郑和七下西洋的壮举，推动了中外政治、经济、军事、文化交流。明朝，因为“江南属卫，便于舟楫”，莆田设置了两个卫、一个千户所、一个水寨，驻守官兵一万多人。因此，郑和下西洋船队成员大多来自闽浙等地包括驻守兴化府的官兵，其中兴化卫、平海卫、莆禧千户所、南日山水寨均有许多官兵随行。

明代，兴化府许多官员还受朝廷遣派，到海外国家和地区从事政治、外交工作。

三、清代兴化港口群变化

有清一代，初期，实行禁海、截界、迁民政策，港口或遭破坏，或停顿，对外往来中断。康熙二十年（1681 年）开放海禁，莆田海上交通又有新的发展，各个港口地位和作用有新的变化。乾隆开始实行闭关政策。鸦片战争后，莆田海上交通、对外贸易继续发展。莆田对外交通、经济和文化往来在曲折中前行，不少莆田人移居东南亚各国以及海外其他国家谋生，莆田因此也成为著名的侨乡。

清代，兴化府各港口发展情况如下：

涵江港于清代前期随着经济、商业恢复与发展又复兴起来。康熙二十年取消海禁政策后，涵江港海上通商活跃。雍正七年（1729 年），涵江设立海关，商贸迅速增加，商船航行于江浙、两广一带。乾隆（1736—1795）年间，诗人吴德昭作《新桥夜泊》记述当时涵江镇和涵江港口情况：

水满江千月色遨，画船夜静泊新桥。
舟横苇岸明渔火，客语篷窗候晚潮。
野渡无人才系缆，隔江有众共讴歌。
须臾报道春潮暖，处处春烟锁柳条。

当时，涵江港成为海商聚集之地。

清初，三江口港遭到破坏。雍正年间开始，三江口港又兴起。光绪二十二年（1896年）起，日本等国家轮船进入三江口港。清朝末年，三江口港被开辟为对外通商口岸。

清代涵江港（端明港）遗址

清代，秀屿港、吉了港衰落。清初秀屿沦为废墟，平海港崛起。

清初，平海港由渔港、商港一跃成为军港，名扬台湾海峡两岸。清初，施琅奉命率领水师收复台湾，他将福建水师提督府迁移至平海，调集两万多水师官兵，集中至平海澳备战。莆田平海港因此成为收复台湾、统一祖国最重要的基地。

康熙二十一年（1682年），施琅率兵自平海港起航，移师东山岛，之后出兵攻占澎湖列岛，台湾统一。之后，施琅上奏康熙皇帝，报告平海妈祖庙妈祖“涌泉济师”“澎湖助战”，建议晋封妈祖。康熙皇帝褒封妈祖为“天后”，妈祖成为至高的海神。平海港名扬四方。

清代，太平港仍为溪海汇流之处，是仙游县出海口。商贸经

此港口与外界往来。因此，枫亭设置巡检司，管理治安、商检、课税，兼管驿务。

康熙二十年沿海复界后，秀屿港逐步恢复生机，又有海道与外界通航。清诗人林起龙作诗描写道：

虹桥渺渺造何年，横跨长江远接天。
沙草翠迷弛马路，屿花红映钓鱼船。
排空雁齿收寒雨，架海鼋梁咽暮烟。
欲问当前侯庙处，人家半在白云边。

此诗描写通往秀屿港的小屿桥，从一个侧面反映了港口的繁荣。

贤良港，位于莆禧半岛南端，南对湄洲岛。清代仍为渔港、避风港、军港。贤良港为妈祖诞生地与天后祖祠所在地。来往湄洲岛必经此渡口。

湄洲港（澳），位于湄洲湾口。湄洲岛是莆田第二大岛，岛状如眉，因称湄洲，又称湄屿，别名鯑山、鯑江，岛上牛头尾山为妈祖羽化地。明代，湄洲港（澳）屯驻水师，成为军港之一。清代也驻军。

第五节　莆仙港口的再次崛起

清末至民国时期，莆田、仙游港口开发也经历了曲折的过程，主要港口有涵江港、三江口港、江口港、秀屿港、枫亭港、吉了港、贤良港、塔林港、湄洲港、平海港、赤岐港、水头港、东潘港等港口，形成新的港口群。

当时，位于兴化湾内的涵江港、三江口港和位于湄洲湾的秀屿港、枫亭港，在莆田、仙游两县经济一派萧条中，再次缓慢崛起。

近代，涵江镇成为莆田县和闽中地区商业重镇，涵江港随之又一次繁荣起来。涵江港港区在原海岑前港（前港）基础上，又于1933—1934年开辟另一新港，即新开河港（后港），涵江港成为海商聚集之地与海舶出纳登降之地。特别是抗日战争时期，日寇侵占厦门、金门，又两度占领省会福州，封锁福建沿海，福州港、泉州港、厦门港、月港衰落，而涵江港进一步开发，海上贸易也兴盛起来。近在咫尺的涵江镇商贸云集，生意兴隆。因此，“涵头市长三里许，人家稠密，商贾鱼盐辐辏，为莆闹市”，有“小上海”之誉。

清末至民国初，随着外国资本主义势力入侵，三江口修筑码头，停靠船舶，港口对外开放，成为莆田对外通商口岸。三江口港开辟南至厦门、汕头、香港等港口，北至宁波、上海等港口甚至远至日本的航线。抗日战争时期，中国沿海大港口，特别福建福州、泉州、厦门、漳州港口被日寇封锁，三江口港虽遭日寇飞机轰炸，海运仍然不断，并一跃成为福建乃至中国东南部的主要港口，海运十分繁忙，盛极一时，推动了毗邻的涵江古镇的繁荣。

1928年，涵江人林柏青在秀屿修建码头，筑钢筋混凝土码头一座，建仓库三排。1934年，英国万吨级轮船“新亚号”进秀屿港卸货。秀屿港又与福州、三都澳、汕头等港口通航。1939年，日寇飞机轰炸秀屿港，码头、仓库被夷为平地。

近代以来，枫亭出现“新存瑞”商行，经营英国化肥；还有兴江公司，为当时莆仙最大京果、百货公司。枫亭还成立了商会，下属13个分会。枫亭商贸繁荣促进了枫亭港口的发展。抗日战争时期，枫亭港与秀屿港通航，转运货物，成为海内外货物进出的重要港口。

近代以来，莆田港口与外界通航、营运的，除了上述港口外，兴化湾内江口港、黄崎港、鹅头港、美兰港、冲沁港、石城港，平海湾平海港、嵌头港、前海港、后海港、赤岐港、东潘港等，湄洲湾内贤良港、湄洲港、塔林港、吉了港、太湖港等在海上丝绸之路交往中也发挥了自己的作用。

第二章

妈祖与海上丝绸之路

宋代，随着海上丝绸之路的开辟，位于海上丝路要冲的台湾海峡西岸兴化军（莆田市）渔港海运发达，人口众多。兴化子民造船技艺精湛，航海胆识过人，扬帆出海，漂洋贸易，勇猛弄潮成为一大风气。此时的兴化军，“妃庙遍于莆田，凡大墟市、小聚落皆有之”。[①] 航海保护神妈祖应运而生。

妈祖从贤良港走出来，海神从湄洲屿传出去，以大海般的宽阔胸怀，保护册使官兵，护佑海商船员，拯救渔民船工，赢得了向海者的敬仰和崇拜。

由于陆上丝绸之路的中断，宋朝廷为了对外交流和贸易，重视开辟海上交通，海上丝绸之路发展加速。茫茫大海，风险莫测，需要海神妈祖作为精神寄托，同时，海上丝绸之路的发展也推动了妈祖信仰的广泛传播。

① （宋）刘克庄：《后村先生大全集》卷九十一《枫亭新建妃庙》。

第一节　妈祖及妈祖信俗

妈祖是北宋时期的一个真实人物。她的前世今生，国史、方志、族谱都有记载。一千多年来，人们祭祀她、敬仰她，被宋、元、明、清 4 个朝代 14 个皇帝褒封了 36 次。褒封次数在中国历史上是最多的。

据《林氏宗谱》《莆田林氏家乘》《莆阳志》《莆田县志》《敕封天后志》等谱牒记载，妈祖的真实名字叫林默，是唐代九牧林蕴的七世孙女、宋代莆阳都巡检林惟悫的第六女，于宋建隆元年（960 年）三月二十三日诞生于莆阳湄洲海滨贤良港。宋雍熙四年（987 年）九月初九日，林默在湄洲湾拯救海难时不幸捐躯，时年 28 岁。当地百姓不忍直面其死亡，说她在湄洲屿羽化登仙了。

生前，林默济世行善，为人也好；死后，她护佑苍生，为神也好。当年“里人”在林默“升天”的地方立庙祭祀她。林氏族人称之为“祖姑”，民间称其为“娘妈”，觉得这样更亲切自然，就像在家里尊称一位德高望重、慈祥和善的“姑妈”。于是，林默成为妈祖。

贤良港天后祖祠中保存的宋代软身妈祖雕像

自宋代之后，民间祭祀妈祖主要有六种形式，大致可以归纳为家祭、堂祭、舟祭、海祭、郊祭、庙祭。

家祭，是指妈祖信众在自己家中设

妈祖神位，每逢初一、十五日或妈祖诞辰与升天纪念日进行焚香膜拜的一种方式。

堂祭，是指在堂馆中设妈祖神位，逢堂馆节庆日或妈祖诞辰与升天纪念日进行焚香膜拜的一种方式。这在明清时期海内外会馆里比较常见。

舟祭，是指在船上供奉妈祖神像，在出海时、归航时或遇大风大浪危急关头对妈祖进行焚香祭拜或祈求神助的一种过程。

海祭，是指在海边设坛或“联舟”祭祀妈祖，或组织船队在海面上巡航靖海，这种形式与海洋文化密切相关，一般在海边渔村进行。这种纯粹的民间祭祀活动具有地域的独特性和广泛的群体性。海祭的形式和内容比较隆重，不仅仅只是焚香膜拜，更具组织性和团体协作精神。

郊祭，是指在都郊或市郊设立祭坛，对妈祖进行遥祭的过程，是特定的官祭形式。一般由帝王亲自主持或委托大臣主持。南宋绍兴二十六年（1156 年），宋高宗在临安亲自主持郊祭后，敕封妈祖为“灵惠夫人”。至元十八年（1281 年），元世祖加封妈祖为“护国明著天妃”，委派正奉大夫阿拉伯人蒲师文代行册封，也采用郊祭形式。郊祭的特点是正统官祭，肃穆、庄严。

庙祭，是指在妈祖宫庙内举行祭典仪式，其特点是规范、严谨。在宋至清四朝中，朝廷因事差官致祭妈祖达 300 多次，都是采取庙祭形式。清乾隆五十三年（1788 年），皇帝颁旨春秋谕祭妈祖，编入国家祀典，享最高规格，作为最高法定礼节三跪九叩。

从这几种祭祀妈祖的形式，便可以看出妈祖崇拜从信俗到信仰的升华，从“草根”到“朝廷”的嬗变过程。

由于朝廷的认可和推崇，妈祖信仰开始从莆田到华夏再到海外传播。短短时间内，从莆田发端，传至广、浙、淮、鲁，并随

着元代漕运而北达直沽。海南岛的琼山、万州、崖州等沿海地区也都相继兴建妈祖庙。妈祖已经跨越地域，成为沿海民众共同膜拜的海神。

值得一提的是，在妈祖信仰从草根逐渐过渡到官方的嬗变过程中，妈祖文化发祥地的闽台两岸，特别是莆田的许多妈祖宫庙起到了至关重要的作用。

其中，莆田贤良港天后祖祠、莆田湄洲屿妈祖庙、莆田圣墩顺济庙、莆田白湖顺济庙、莆田文峰天后宫、莆田平海天后宫、泉州天后宫、天津天后宫、台湾安平天后宫、台湾鹿耳门妈祖庙、台湾台南天后宫、台湾大甲镇澜宫、台湾新港奉天宫等妈祖宫庙，在妈祖信仰传播进程中都发挥过独特的作用。这些妈祖宫庙，具有妈祖信仰传播的产生和妈祖文化发展轨迹的代表性。

莆田贤良港天后祖祠既是供奉妈祖（林默）祖先牌位的宗祠，又是供奉妈祖神像的宗庙，是妈祖文化的源头。贤良港又是莆田最古老的港口之一，随着宋代古码头的兴起，贤良港成为海上丝绸之路的起点之一，妈祖信仰也开始向外传播。乾隆五十三年（1788 年），朝廷下令地方官在贤良港天后祖祠举行春秋二祭，妈祖“春秋谕祭”正式载入国家祀典。

湄洲屿是妈祖羽化的地方，是神迹的发祥地。湄洲屿妈祖庙是全世界最早建立的一座妈祖庙，是妈祖信仰产生形成的地方。

莆田圣墩顺济庙是在宋宣和四年（1122 年）妈祖护佑路允迪出使高丽有功，宋徽宗于次年下诏给莆田涵江宁海镇“圣墩神女祠”敕赐“顺济”庙额，从此妈祖信仰开始得到朝廷的重视。

莆田文峰天后宫的妈祖曾被南宋朝廷褒封为“夫人”，是第一座官建、官祭的妈祖宫庙。

泉州是当时全国重要的对外贸易港口，传说泉州天后宫原来叫“顺济宫”，因为妈祖时时护佑海上丝绸之路贸易安全，至元十八年（1281 年），元世祖晋封泉州妈祖为“天妃”，这是第一座被褒封为天妃的妈祖宫庙。

湄洲屿妈祖“升天古迹”

莆田平海天后宫是第一座以“天后”命名的妈祖庙，它与海军名将施琅及所部三万官兵有关系。因妈祖显灵涌泉济师，施琅感恩而书“师泉”二字。由此，清康熙二十三年（1684 年）晋封妈祖为天后。

至于台湾早期的那些妈祖宫庙，大都与明末郑成功收复台湾、清初施琅统一台湾有关系。

这些妈祖宫庙都蕴含着一些非凡事件和来历。而这些妈祖宫庙的建筑也各具特色，凝聚了中国古代各个时期建筑艺术的精华和劳动人民的聪明智慧。这些妈祖宫庙的民俗活动内涵丰富，具有地方特色，在海峡两岸民间往来以及妈祖文化交流过程中发挥了特殊的作用。

宋元以后，海洋文明的兴起，无疑加速了妈祖信仰的传播。郑和下西洋是古代中国海上丝绸之路最著名的对外交流活动，妈祖始终是郑和下西洋路上的保护神。在七下西洋过程中，郑和除了将妈祖作为战胜惊涛骇浪和海盗侵袭的精神力量外，还将妈祖信仰带到了所到的国家。

妈祖信仰的传播，不但丰富了当地民众的精神信仰和寄托，从某种意义上说，也改变了当地民众的文化和信仰结构。

第二节　妈祖信仰与海上丝绸之路

妈祖信仰是从妈祖崇拜演变而成，是经过漫长的时间洗礼和岁月沉淀形成的精神文化。宋元之后，海上贸易的发展及海洋文明的兴起，再加上历朝历代皇帝持续不断的褒封，加速了妈祖信仰的认可和传播。妈祖终于摆脱“巫女”羁绊，成为朝廷钦定、尊崇的海神，成为海上丝绸之路的庇护神。

一、妈祖是海上丝绸之路的保护神

在漫长的社会生活中，由于耕地不足、经济困窘，许许多多中国人不断寻找新的生活方向，冒险向海外拓展生存空间。原先那些住在沿海、沿江、沿河的妈祖信仰者，怀揣妈祖神像，开始向广阔的海洋寻求出路。随着时间的推移，他们的足迹踏遍世界五大洲。这是中国华侨史的写照，也是莆田华侨史的缩影。可以说，有海水的地方，就有华人的足迹，就有妈祖信仰，就有妈祖文化的影响。

宋、元时期，朝廷重视海外贸易。这个时期许多莆田人通过海上航行到达宁波、杭州、广州、海南、台湾等地方去做生意，以及到东南亚各个国家进行商业贸易。这些莆田人大多信仰妈祖，他们事业顺遂、生意兴隆之后，便会集资在这些地方建妈祖宫庙，以答神庥。

作为海上保护神，妈祖救助海难事情有大量的传说和记载。第一个留下有名有姓受到妈祖护佑的商人是莆田人洪伯通。传说宋宣和（1119—1125）初年，洪伯通航行经过黑水洋，突然遇到飓风，商船差一点覆没，他急呼妈祖搭救，喊声刚刚结束，大海突然风平浪静，云开雾散，洪氏躲过了灭顶之灾。返港后他到妈祖宫谢恩拜忏，广为传扬妈祖庇佑之功德。

莆田人林麟焻，于清康熙二十一年（1682 年）与汪楫一起，受命出使琉球。他此行是清廷第二次派使册封琉球国。康熙皇帝对此次册封十分重视，册封使团共 300 余人，乘坐特地建造的高大壮观的册封舟，从福州港启程。但途中遇到狂风巨浪，几近倾覆。林麟焻在册封舟中妈祖像前祈求神姑护佑。后来他在《敕封天后志·序》中写道：妈祖显灵护航，指挥两条大鱼白天引道，万只海鸟夜间回翔指航。到琉球国举行册封典礼之后，他有感于妈祖护佑之恩，立即到当地久米村上天妃宫（由赐居琉球的福建三十六姓创建）焚香朝拜谢恩。册封船队返航时，又遇到了更大的狂风巨浪。倾危之际，林麟焻再次祈求妈祖保佑。奇迹再次出现，“顷恍有二火，晶光熠耀桅舰之前”，整个船队得以“随波翌驶，轻舟已过万重”。[①]

妈祖作为海神庇佑海上航行安全的传说，《天妃显圣录》《敕封天后志》以及各种国史、奏疏、碑记上的记载比比皆是。

妈祖信仰在历史传承和航海事业的发展中，与海洋精神高度契合，已经走出单纯的民间崇拜，成为海上贸易和对外交流的巨大精神力量。

---

① （清）林清标编纂：《敕封天后志·序五》，乾隆四十三年刊行。

二、妈祖信仰是走向海洋的精神力量

妈祖信仰与海洋经济活动关系密切。妈祖作为海神，首先成为渔民、航海者的保护神，成为他们战胜惊涛骇浪、克服重重困难的精神力量。同时，也成为册封史臣、水师官兵的精神支柱，激励他们去完成各种难以想象的任务和使命。

不管是渔夫船员，还是艄公水手；不管是海军将士，还是册封史臣，他们凭借妈祖信仰的精神力量，战胜恐惧，乘风破浪，走向海洋。

研读梳理宋、元、明、清关于妈祖信仰与海洋经济活动的史料，可以发现各个朝代对于妈祖信仰与海洋经济活动的侧重点不同，祈求妈祖成为航海保护神的各种任务和使命也与时偕行。

宋代庇佑册封使臣。宋徽宗宣和四年（1122 年），给事中路允迪奉命出使高丽（今朝鲜），途中遭遇飓风，“舟八溺七，九死一生”，唯独路允迪所乘之船安然无恙。为什么呢？因为舵手保义郎李振是莆田宁海人，他说在狂风巨浪中隐约见到桅杆有红灯引航，是他祷告求得家乡神女林默前来护佑。路允迪回京奏闻朝廷，徽宗遂下诏，给宁海“圣墩神女祠”敕赐“顺济”庙额；林默也被褒封为“顺济夫人”。这是妈祖林默首次受朝廷的褒封。从此，妈祖信仰实现了从民间到官方、从草根到朝廷的华丽转身。

宋徽宗为什么会给莆田涵江宁海“圣墩神女祠”敕赐“顺济”庙额呢？一是路允迪举荐。他回朝复命，宋徽宗对莆田神女妈祖海上救援的故事听得入迷，非常高兴，当即赐匾额予以表彰。二是急切开展海上贸易的需要。当时北宋与辽、西夏相互对立，且征战不断，陆上贸易受阻。宋王朝对外联系主要依靠海路。南宋时，与日本、高丽、东南亚各国、西亚、非洲、大洋洲交往都是靠海路。因此，开辟海上贸易之路是对外交流贸易的必然选择。然而，海上交通险象环生，狂风巨浪随时会使船翻人亡，恐惧心理只能用精神力量来战胜，需要一个庇护神。于是妈祖海神地位和作用凸显出来，成为海上航行安全的精神依托。此后，各个朝代都有册封史臣在妈祖护佑下完成外交使命的记载。妈祖信仰正是沿袭着这一路线图，彰显出中华民族和平、友善、大爱的品质特性。这也许就是中国及五大洲华裔共同敬仰妈祖的深层次原因。

元代护佑南粮漕运。漕运是元朝最大的、最集中的海事活动。为了保障每年两三百万石南粮北运顺利进入京师，也为了给行驶在东海、黄海、渤海上的广大船民鼓舞士气，元朝廷对航海保护神妈祖极为重视。至元十八年（1281 年），元世祖下诏褒封妈祖为“护国明著天妃”，还下令对妈祖进行春秋二祭，派官员代表朝廷前往各地妈祖庙祭祀妈祖。妈祖开始由人间神祇上升为天上神尊。元天历元年（1328 年），元朝廷还派特使千里迢迢祭祀沿海十四座妈祖庙。在元朝廷的倡导下，广东各地、海南岛和浙江的温州、宁波，江苏太仓刘家港、昆山，山东的青岛、蓬莱，辽宁的大连、营口等地都重修、新建了一批妈祖庙。特别是元代兴建的天津天后宫，后来成为全国最著名的妈祖庙之一。

自元世祖起，朝廷对妈祖敕封共有 5 次。元世祖在《封护国明著天妃诏》中说：“唯尔有神，保护海道，舟师漕运，恃神为命，威灵赫濯，应验昭彰。”在当时，妈祖信仰激励航海者的勇气、信心和力量去战胜狂风恶浪，以使漕船安全航行。妈祖成为鼓舞官民与大海拼搏的强大精神支柱。

由于明清两代朝廷海事活动的侧重点不同，南粮北运（漕运）

活动被其他更重要的海事活动所掩盖。比如明代以七下西洋的壮举，向世界展示帝国的实力。而清代南粮北调（漕运）共有 8 次。原来漕运是利用京杭大运河航道，道光五年（1825 年），因洪泽湖决口，河道受阻，南粮北调改为海运，航线是经上海黄浦江到达天津港。道光六年，第一次海上漕运平安抵达天津后，承办者江苏巡抚陶澍奏请敕封妈祖，朝廷遂加封“安澜利运”四字。此后每次平安抵达，朝廷都会加封赐匾，共 8 次。

明代七下西洋壮举。明代郑和七下西洋，帝国船队浩浩荡荡在海上丝绸之路航行，进行东西方文明交流和海上贸易活动的探索。

据《闽书》记载，洪武五年（1372 年），明太祖敕封妈祖为“孝顺纯正孚济感应天妃”。明成祖于永乐三年（1405 年）第一次派太监郑和率领船队下西洋。郑和率船队从南京出发，出长江口，经东海，转行福建长乐出洋。回国后，“言神多感应”。于是成祖下令在南京龙江关建天妃庙，每年正月十五日与三月二十三日遣使致祭。永乐七年，明成祖赐封妈祖“护国庇民妙灵昭应弘仁普济天妃”。

郑和下西洋是妈祖信仰对外传播的高峰，几乎每次下西洋，郑和都要举行仪式，祈求妈祖庇护他的船队海上安全，同时把妈祖信仰和文化带到海外。

虽然明代几度实行海禁，但是海上捕捞、海上贸易、使节往来始终没有停止。从 1405 年开始的郑和下西洋，是中国历史上规模最大、影响最深远的海事活动，是海上丝绸之路最著名的对外交往交流活动。妈祖始终是郑和七下西洋路上的守护神。

《通番事迹记》碑载：

> 涉沧溟十万余里。观夫鲸波接天，浩浩无涯，或烟雾之

溟濛，或风浪之崔嵬。海洋之状，变态无时，而我之云帆高张，昼夜星驰。非仗神力，曷能康济。值有险阻，一称神号，感应如响，即有神灯烛于帆樯。灵光一临，则变险为夷，舟师恬然，保无虞。此神功之大概也。

读此文，可知郑和在七下西洋中历经磨难，而他每次都说得到妈祖神灵庇护而脱险。

值得一提的是，在此期间，郑和曾到过莆田，做了两件重大的事情：一是到湄洲屿妈祖庙祭祀妈祖，祈求庇护海上安全。二是督促地方官奏表贤良港妈祖祖祠损坏。“港之祖祠，前代已有建立，明永乐十九年，上以天后屡著灵异，闻祖祠圮坏，特命内官赴港修整”。①

可见当年朝廷对妈祖护佑海上安全的尊崇，“特命内官赴港修整”，更体现朝廷对贤良港妈祖祖祠的体恤与重视。

清康熙二十二年（1683 年），施琅奉命率水师约 3 万人，在莆田平海湾畔备战，制定攻台计划，训练水师。当时，因截界，平海屋毁井填，沿海一派荒凉。施琅大军驻扎平海澳，淡水严重不足。据传，施琅梦中祈求妈祖，经

平海天后宫“师泉”井

① （清）林清标编纂：《敕封天后志·卷下·贤良港祖祠考》，乾隆四十三年刊行。

妈祖指点，挖掘枯井，果然“涌泉济师”，为大军解决饮水问题。康熙二十三年，施琅率军收复台湾后，上奏朝廷，功归天妃保佑。之前福建总督姚启圣也上奏天妃保佑之事。因此，康熙又加封妈祖为“护国庇民妙灵昭应仁慈天后”。妈祖封号由“天妃”升格为“天后”。康熙五十九年，妈祖祭祀活动被列入国家祀典，进行春秋致祭。可见朝廷对海神妈祖之重视和尊崇。

随着先民渡海、两岸贸易以及两波大规模从广东、福建、浙江等地的移民，还有郑成功、施琅军队中留在台湾的军队及其家属对妈祖信仰的传播，台湾成为妈祖信仰活动最集中的一个地方。此后妈祖信仰迅速向东南亚各个国家传播。随着海外航运的不断兴盛和华侨华人的对外拓展，妈祖圣迹几乎遍布整个汉文化圈和华人居住的海外地区。妈祖信仰传遍五洲四海，成为跨地区、跨国界的海神信仰。妈祖也因此被誉为“世界和平女神”。

第三节　妈祖文化在海上丝绸之路沿线国家和地区的传播

妈祖文化是千百年来妈祖信仰过程中遗留、传承下来的物质的和精神的财富，是中华民族优秀传统文化的一部分。妈祖文化与海洋文化密切相关，一直与国家的外交活动和海上贸易有着密切的关联。

海上丝绸之路既是海洋贸易之路，也是文化交流之路。历经千年的妈祖文化，作为中华优秀传统文化的组成部分，逐渐成为东北亚、东南亚、印度洋沿岸各国乃至西亚、大洋洲、非洲、北美洲以及全世界华侨华人的一种文化共识。

一、妈祖文化的核心内容

文化信仰的形成往往需要漫长的孕育过程。妈祖文化也是这样。

追寻妈祖文化的源头，发现大致经过三个逐渐升华的螺旋式发展阶段：由人而神——由信俗而信仰——由信仰而文化。

“妈祖文化”这个概念，是 1987 年“妈祖千年祭”时，华东师范大学林文金教授在一次专家座谈会上首先提出来的。

那么，妈祖文化概念的核心内容是什么？“妈祖文化是以妈祖传说（神话）、宫庙、祭祀等为主要载体，由妈祖信仰为主旨而发生、衍生的各种文化元素交融发展而形成的中国文化中的特色文化。其内容博大精深，涉及社会、政治、宗教、经济、民俗、建筑、文献、文学、艺术、体育、医学、军事、外交、航海史、移民史等众多领域。例如，那些和妈祖相关的壁画、建筑、碑刻、绘画、艺术、祭具等载体均属于妈祖文化的物质文化遗产。此外，妈祖信仰活动、祭奠仪式、朝会巡游等属于妈祖文化的非物质文化遗产”。[①] 这一定义虽不够精练，但基本能概括妈祖文化的基本特性。

金文亨在《妈祖文化源流探析》一书中也论述了妈祖文化内涵的五个显著特点：[②]

其一，妈祖精神崇高伟大。大爱、包容、积德、行善、护国、庇民等精神，体现了其仁爱思想、正义化身和博大胸怀。

---

① 孟建煌、帅志强：《传播学视野下的妈祖文化研究》，厦门大学出版社 2016 年版，第 2 页。

② 金文亨、陈金海：《妈祖文化源流探析》，鹭江出版社 2014 年版，第 163—184 页。

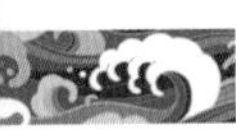

其二，建筑艺术辉煌灿烂。妈祖宫庙是古代建筑艺术的博物馆，凝结着劳动人民的智慧，反映了各个时期建筑风格和艺术上的成就，是中华文化也是全人类建筑艺术宝库中一份珍贵财富。

其三，妈祖及陪神造像艺术精美。妈祖及其陪神造像艺术，神态各异，生动传神，很有历史风貌、艺术价值和时代感，是艺术珍品，也是珍贵的文物。

其四，祭祀活动形式多样、内涵丰富。妈祖信仰通过信众参与形式多样的祭祀活动表现出来；祭祀活动的丰富内涵是妈祖信仰的重要标志，也是妈祖文化的重要内容。

其五，典籍是妈祖文化的脊骨。千百年来，历朝历代流传下来的国史、方志、专著、诗赋、庙记、题匾、楹联等文化遗产，是妈祖文化的脊骨，是中华优秀传统文化的宝库。

总之，妈祖文化博大精深，内涵丰富，具有传统性、包容性和海洋性等特点。概括起来，妈祖文化包括两个方面的内容，一是千百年来在妈祖信仰过程中遗留下来的物质内容，二是千百年来在妈祖信俗活动中传承下来的精神内容，它们都是妈祖文化的核心内容，都是中华民族优秀传统文化的一部分。

二、妈祖文化具有鲜明的海洋性

妈祖文化的形成和发展过程，始终和海事活动密切联系在一起。因此可以说，妈祖文化具有鲜明的海洋性。

妈祖的胸怀博大宽广，她在海上无所畏惧，扶危救难，成为人们的精神寄托，并最终演化成为一种信仰。因此可以说，妈祖信仰与海洋精神具有高度的契合性。

妈祖的家国情怀，是从保护国家使臣开始。

宋代，妈祖为国家使臣安澜庇护，红衣挂桅；曙海祥云，泽被东瀛。

元代，妈祖护佑“漕运”，为国家粮食运输安全，从大河到大海，福佑河漕，安澜利运。

明代，妈祖为国家海洋外交安全，波靖南溟，灵昭四海，多次庇护庞大的船队走向深蓝。

清代，妈祖为国家统一“涌泉济师”，振武绥疆……

妈祖的善德、博爱，总是在危难之时显现，总是在狂风巨浪的大海之上施展，给予危难之中的海商、渔民、船员驾驭海洋、战胜海洋的精神力量；这种力量，在海上丝绸之路沿线国家和地区广泛传播；这种精神，与当地的文化融合，在海上丝绸之路沿线国家和地区的族群、社会各阶层中形成认同，这一切都体现了海洋文明特征。

包容和谐的妈祖文化，经过海上丝绸之路，传播得更广更远。在古代的航海条件下，妈祖信仰一经产生，妈祖在航海者心目中，便是有求必应的海上保护神。妈祖文化的精神理念，促进了不同国家、不同文明、不同族群之间和谐共生，体现了海洋文明的深远内涵，彰显出交流、互鉴、包容、合作的中华文明特质。

贤良港妈祖雕像

自妈祖成为海神的宋代起，妈祖文化的海洋特性就见诸各种文献史料之中。随着海上丝绸之路的不断兴盛和华侨华人的对外拓展，妈祖信仰作为一种精神力量，激励着向海的人们不畏艰险，勇敢去探索海洋的奥秘。郑和七下西洋回归后留下的《通番事迹记》碑、《天妃灵应之记》碑，为后人留下了妈祖信仰与海洋文化丰富的信息，也留下了妈祖文化与海洋精神契合的内容，更留下了郑和七下西洋过程中，依靠妈祖信仰的精神力量，战胜惊涛骇浪、战胜心理恐惧、战胜天灾人祸的历程；其实，也是为后代留下了一部与世界30多个国家的交流史，一部妈祖信仰与海洋精神融合的文化史。

三、妈祖文化的对外传播

研究、梳理妈祖文化在海上丝绸之路沿线国家传播的路径，发现与海上丝绸之路的发展轨迹几乎一致。从初始的莆田兴化军妈祖，到后来海内外的庇护神，有一条脉络清晰的传播轨迹。而一千多年来海内外遗存下来无数座妈祖宫庙，也让我们很清楚地看到了妈祖文化传播的路线图。有人说，凡是有海水有华人的地方就有妈祖宫庙，就有妈祖信仰。其实，没有海水没有华人的地方，也有妈祖宫庙，也有妈祖信仰。妈祖文化已成为跨地区、跨国度的信仰文化，海神妈祖也因此被誉为“世界和平女神”。

妈祖文化，包括物质文化和非物质文化两大部分。

妈祖宫庙是妈祖文化的载体，是物质文化。那些宫、庙、殿、阁、廊、楼、亭、门、坊、坛等等，不但有祭祀的使用价值，而且具有艺术价值，是渗透了妈祖文化内核的艺术结晶。

随着海上丝绸之路的不断发展，妈祖文化的具象——妈祖宫庙和妈祖信俗（非具象）在海上丝绸之路沿线国家不断地被“复制和粘贴”。

（一）在东北亚国家的传播

宋元时期，东北亚国家高丽（朝鲜）、日本、琉球是海上丝绸之路活动比较频繁的国家，或接受安抚敕封，或来华交流学习，或进行经贸往来等等，从而加快了妈祖文化在东北亚的传播。

史料记载，高丽国的妈祖信仰始于宋代。宣和四年（1122年），高丽睿宗去世，朝廷派使臣率使团前往高丽吊唁安抚。高丽人目睹了中国使臣祭拜妈祖的全过程，便开始了解妈祖信仰，修建妈祖庙，并学习中国使臣和商人的做法，出海之前也举行祭拜妈祖仪式。换句话说，妈祖信仰在12世纪初便开始在高丽国传播。日本境内妈祖信仰开始于元代，发展于明代，鼎盛于清代。当时，从事商业贸易的华人在日本东京、大阪、长崎、神户等地经商，形成了中华街，并开始创建宫庙祭祀妈祖；日本商人在华人的影响下也开始信仰妈祖。据记载，康熙三十五年（1696年），日本船王伊藤五左卫在大北半岛创建了一座天妃祠，这是日本本土创建较早的妈祖行宫。妈祖文化传入古琉球国为明洪武（1368—1398）年间，比较有名的妈祖宫有3座：久米岛天后宫、那霸下天妃宫和久米村上天妃宫。当地船主、商贾乃至官方人士要渡海到大明王朝，都要到妈祖宫庙虔诚朝拜。

（二）在东南亚国家的传播

妈祖信仰在东南亚国家的传播，一个显著的特点就是在侨居地创建妈祖庙和在庙中举行妈祖祭祀活动。

宋元以来，菲律宾、马来西亚、印度尼西亚、越南、泰国、柬埔寨等国都建有妈祖庙。

元代后期，前往东南亚各国经商的莆田商人，为了贸易方便，开始临时居住海外各地，并将随身携带的妈祖神像安放在临时居住地，随时焚香祭拜。元末，东南亚各国随着华人的日渐增多，

一些商人开始在聚集地集资建庙，这些庙宇便是东南亚各国较早的妈祖行宫。

明代是东南亚各国传播妈祖文化最集中的时期。明永乐（1403—1424）年间，郑和率领庞大的船队下西洋。这期间，莆田进士黄乾亨在满剌加（马六甲）任副使，并与其伯弟黄乾刚同往就职。后来，在黄乾亨和黄乾刚的引领下，莆田同乡陆续前往马六甲经商，也从事农业开发和海洋捕捞，后来有不少人定居下来。明朝廷还积极倡导使臣向海外各国传播妈祖信仰。据记载，使船到达目的地时，正使恭请妈祖神像登岸，其他人员毕恭毕敬，跟随其后，十分虔诚，然后把妈祖神像安放在宫庙中，供当地人祭拜。

据记载，清代随着海上丝绸之路的不断拓展，菲律宾马尼拉、吕宋岛先后创建了圣母宫、妈祖堂、福清宫、保安宫等众多妈祖宫庙，开始传播妈祖文化。清道光二十年（1840 年），新加坡的会馆兴起，比较重要的有兴安会馆天后宫、潮州会馆天后宫、福州会馆天后宫、琼州会馆天后宫、林氏大宗祠等。

清代马来西亚境内，妈祖信仰比较广泛，华人掀起一股创建妈祖宫庙的热潮。据记载，有创建于乾隆（1736—1795）年间的丹戎槟榔天后圣庙，创建于康熙十二年（1673 年）的槟城广福宫，创建于嘉庆五年（1800 年）的马六甲永春会馆天后宫，创建于道光（1821—1850）年间的马六甲福建会馆天福宫和丁加奴和安宫，等等。

清代印度尼西亚境内也创建了不少妈祖庙。据记载，乾隆十五年雅加达创建了妈祖庙，乾隆十六年巴达维亚创建了天妃宫。还有创建于道光二十八年的爪哇南旺慈惠宫，创建于咸丰三年的岩望慈德宫，创建于同治六年（1867 年）的锡江天后宫，创建于光绪（1875—1908）年间的棉兰天后宫、苏拉威西岛天后宫和俄伦打洛部天后宫等等。至清末，妈祖庙几乎遍及印度尼西亚各主要商埠。

清代，泰国、越南、缅甸境内妈祖信仰也比较广泛。在泰国境内，建于道光十四年的曼谷玄天上帝庙、道光二十六年的城隍庙，这两座庙里都配祀了妈祖。建于咸丰元年（1851 年）的曼谷七圣妈庙，创建于同治三年的福建会馆天后圣母宫，还有建于光绪八年的曼谷嵩越路天后宫、光绪十三年的洛坤城天后宫、光绪二十一年的班路天后圣母宫等。更难能可贵的是泰国王室对妈祖的认可，泰国六世皇于宣统三年（1911 年）亲自巡视洛坤妈祖庙，并御赐“铜香炉”，这对妈祖信仰在泰国境内的传播起到了积极的推动作用。

有史料记载，越南境内妈祖信仰始于明代，妈祖庙建设为清代。康熙年间，广东肇庆会馆、福建会馆先后集资创建了天后宫。清中后期，越南境内先后创建了永隆市天后庙、南圻柴棍铺天妃庙、小芹县天后宫、沙沥天后庙等。其中规模较大的穗城会馆天后庙、粤东会馆天后宫分别建于乾隆二十五年和嘉庆八年。

据史料记载，在缅甸境内，最早的妈祖庙为缅南丹老天后宫，大约创建于公元 1837 年，尚存的大钟上面镌有铭文。特别是缅甸仰光庆福宫，创建于咸丰十一年，该宫以福建的庵庙为蓝本，建庙材料也从福建海运过去，是缅甸境内规模较大的妈祖庙。该庙雕梁画栋，不但有异国情调，还有闽南建筑风格。

3. 在西亚、非洲、大洋洲以及美洲国家的传播

明末清初，妈祖信仰开始向西亚、印度洋沿岸以及非洲、大洋洲、美洲国家传播。

据史料记载，大约在郑和下西洋后期，闽粤商人就在海船中

供奉海神妈祖，开始前往非洲东部的毛里求斯进行商事活动。随着货物贸易的发展，大批闽、粤华侨到达非洲的肯尼亚、尼日利亚、马达加斯加、南非开普敦等地从事商贸交易，并将妈祖信仰传播到各侨居地。

大洋洲妈祖信仰源于19世纪50年代的淘金潮。据史书载，咸丰元年（1851年），传说大洋洲发现大金矿，东南沿海大批民众怀着梦想，漂洋过海前往澳大利亚淘金。几年之间，澳大利亚境内云集了数万华人。这些华人为了祈求海上航行平安，随身携带着妈祖神像，也把妈祖信仰传到澳大利亚境内。据有关资料记载，1850—1860年的10年间，大洋洲境内华人共建了20多座庙宇，其中有一半是妈祖庙。

南美洲的巴西圣保罗、阿根廷布宜诺斯艾利斯等地，都建有妈祖庙；在墨西哥，明代时就有妈祖的传说，就有华人与当地民众传承妈祖祭祀仪式的风俗。

19世纪中叶，北美洲的加拿大、美国境内的妈祖信仰亦源于淘金热。清咸丰二年，在美国西海岸的华人淘金者已达46897人，这些闽粤百姓随身带上妈祖神像远渡重洋，把妈祖信仰带到了太平洋彼岸，并在旧金山创建了妈祖庙。加拿大多伦多、蒙特利尔等地也建有妈祖庙，它们是当地华人社团及部分当地民众进行妈祖信仰活动的场所。

据媒体报道，目前全世界有近万座妈祖宫庙，分布在五大洲40多个国家和地区，信众达3亿多人。①

---

① 妈祖庙和妈祖信众的统计数字，目前没有权威部门的准确数据，只是引用媒体报道的资料，不一定准确。

| 第三章 |

莆田与海上丝绸之路有关的重要人物

莆田作为海上丝绸之路的节点，同海外国家和地区保持着长久的交流。自唐代以来，莆田产生了一大批与海上丝绸之路有关的重要人物。

在同日本交流上，由莆田高僧本寂与良价二人创立的佛教曹洞宗传入日本后，迅速发展，信徒达到680多万人，可见影响之大。莆田俞良甫于元末明初在日本从事雕版印刷，刻印儒家典籍，传播中华传统文化，影响至今。郑和率部七下西洋，兴化和平海两卫、莆禧千户所、南日山水寨许多官兵都参与其中，为发展海外经济文化政治交往做出了贡献。清代又产生了一批与海上丝绸之路有关的重要人物。

第一节　唐宋元时期与海上丝绸之路活动有关的重要人物

一、本寂禅师与曹洞宗

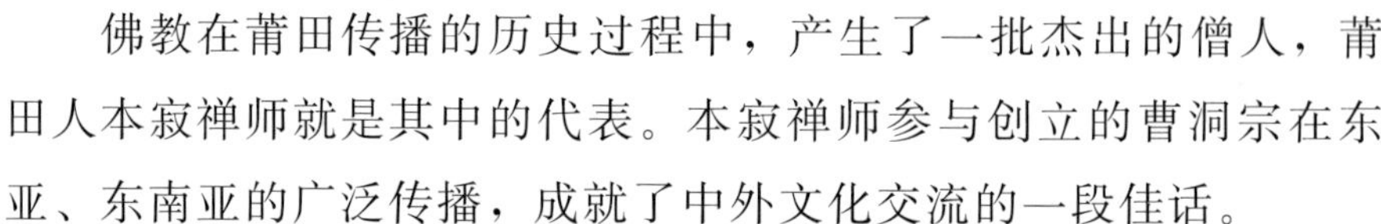

佛教在莆田传播的历史过程中，产生了一批杰出的僧人，莆田人本寂禅师就是其中的代表。本寂禅师参与创立的曹洞宗在东亚、东南亚的广泛传播，成就了中外文化交流的一段佳话。

晚唐五代，福建名僧辈出。本寂和妙应就是晚唐两位颇有名气的高僧，他们在发展莆田和福建寺庙文化中发挥了重要的作用。

本寂，俗姓黄，名崇精，唐开成五年（840 年）生于涵江黄巷，“幼习儒业”，博闻强记。青年时，即志慕云林。唐大中十二年（858 年），19 岁的黄崇精就离家到福州灵石寺学禅 6 年，取法名耽章。唐咸通五年（864 年），耽章削发受戒为僧。不久就慕名到江西洞山，拜名僧良价和尚为师。良价精持戒律，博通词翰。他跟随良价和尚学习十多年，大有长进，佛学甚高，良价给予他高度评价，认为他“堪任大法”，选他为衣钵传人。

耽章在洞山十多年，尽得禅宗南宗创始人、六祖慧能大师“净心、自悟”四字旨意。他要求离开洞山，到江西曹溪顶礼慧能的浮图。良价答应他的要求，并在他离开洞山前夜，将不传之旨《宝镜三昧》《五位显诀》《三种渗漏》传授给他。

在往曹溪途中，耽章经江西临川一座山峰时，看到那里名山胜水，极为欣赏，就决定定居那里，并将那座山命名为曹山。耽章以此地为家，收门人，讲授佛学。“由是法席大兴，学者云萃，洞山之宗，至师为盛。”由于他在佛教方面的影响颇大，被称为“曹山本寂”。

本寂禅师和他的师父良价禅师一道，以四海为家，潜心研习佛学，在弘法过程中积极著书立说，力倡文字禅，发展了佛学。本寂禅师参与创立的禅宗曹洞宗成为佛教“禅宗”五大宗派之一，流传至今。

曹洞宗高僧辈出，名刹遍布各地，在中国传播很广泛。它还传播到朝鲜、日本、东南亚一些国家，其中对日本影响特别大。早在唐代，日本僧人瓦屋能光就入唐，嗣法于洞山良价禅师。后能光圆寂于四川，没有回国。到了南宋宝庆（1225—1227）年间，佛教禅宗曹洞宗才传播到日本，这个过程中，日本僧人道元和尚贡献极大。

道元和尚（1200—1253），号希玄，俗姓源。1223年，随师父明全入宋求法。他来华“取经”，在宁波天童寺拜曹洞宗禅师如净为师，日夜勤参苦研。5年后，他回国弘扬曹洞宗禅法，先后在建仁寺、极乐寺、兴圣寺隐居著述，并在日本组织僧团，创建永平寺，传承和弘扬曹洞宗。[①] 道元和尚声名远播，成为日本曹洞宗的“开山鼻祖”。[②]

曹洞宗在日本广泛传播，是日本佛教两大主要宗派之一。现日本有曹洞宗寺庙1.5万多座，信徒800多万人。

曹洞宗向日本传播的同时，也传播到朝鲜，还向越南等东南亚国家广泛传播。明末清初，曹洞宗传到越南。1695年，二十

---

① 梁晓虹：《禅学丛书：日本禅》，浙江人民出版社1997年版。

② （日）高桥智：《日本流传中国古籍简述》，《文史知识》2010年第3期。

九世传人释大汕，又称厂翁和尚，到越南传播曹洞宗3000多人，国王、国母、公主都受了戒。国王还接受了曹洞宗正宗三十世法嗣。

本寂禅师参与创立的曹洞宗，在海上丝绸之路沿路国家和地区广泛传播，他的人生与中外佛教文化交流紧密地联系在一起，成为中外文化交流史上鲜活的一章。

二、俞良甫与中日文化交流

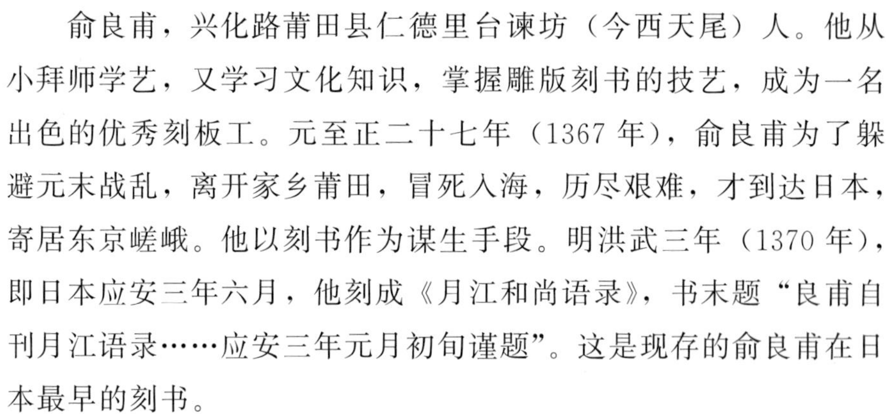

俞良甫，兴化路莆田县仁德里台谏坊（今西天尾）人。他从小拜师学艺，又学习文化知识，掌握雕版刻书的技艺，成为一名出色的优秀刻板工。元至正二十七年（1367年），俞良甫为了躲避元末战乱，离开家乡莆田，冒死入海，历尽艰难，才到达日本，寄居东京嵯峨。他以刻书作为谋生手段。明洪武三年（1370年），即日本应安三年六月，他刻成《月江和尚语录》，书末题“良甫自刊月江语录……应安三年元月初旬谨题”。这是现存的俞良甫在日本最早的刻书。

次年，他受雇于寺院，与30多位中国刻工一起，刻成僧史《宗镜录》一百卷二十五册，其中十余卷留下俞良甫的名字。之后，他自己筹集资金，于明洪武五年又翻刻释宗衍（1309—1351）的《碧山堂集》，落款“应安五季八月初旬，中华大唐俞良甫学士谨置”，特别说明自己是来自“中华”“大唐”的。继之，他又翻刻《李善注文选》六十卷。在题记里写道：“《文选》之版世鲜流布，童蒙不便之，福建道兴化路莆田县仁德里人俞良甫，顷得大宋尤袤先生之书，于日本嵯峨自辛亥（1371年）四月起刀，至今苦难始成矣，甲寅（1374年）十月谨题。”

他边刻书，边学习，以提高文化修养，并省吃俭用，积累资金，十多年后，他“凭自己财物置板流行”。

洪武十七年（1384年），他刻成《傅法正宗记》，落款“福建道兴化路莆田县仁德里住人，俞良甫于日本嵯峨寓居”。他在书中自报了详细的籍贯、驻日地点。

洪武二十年，他又刻《新刊五百家注音辩唐柳先生文集》二十册，题记写道：“祖在唐山福州境界福建行省兴化路莆田县仁德里台谏坊住人俞良甫，久住日本京城阜（附）近，几年劳鹿（碌），至今喜成矣。”他这样详细记述自己的籍贯，流露了思念故土的心情。

洪武二十八年即日本永应二年，他刻成《般若心经疏》，并在书尾题写：“大明国俞良甫刊行。”

此后，他又先后刻成《新刊五百家注音辨昌黎先生文集》四十卷、《春秋经传集解》三十卷，在日本传播中华传统文化。

俞良甫对中华文化造诣颇深，对中国文化史颇为熟悉，所刻的书，除了儒家经典、佛经外，还有历代著名文人著述，如《唐柳先生集》《陆放翁诗集》等数十种，选本精当，刻工精细，字体隽秀，版面整洁，深受欢迎，被称为“俞良甫版”，或称“博德版”，也为今日日本学界所珍惜。俞良甫还毫无保留地把雕刻技艺教授给日本徒弟，培养了一批日本当地刻工。日本学者赞扬说：此虽亡命一工人，对日本文化之助力，实有可永远记忆者矣！

第二节　明清时期与海上丝绸之路有关的重要人物

一、跟随郑和下西洋的兴化人

明洪武（1368—1398）年间，朝廷重视东南沿海海防，仅在兴化府就设置兴化卫、平海卫两个卫以及莆禧千户所、南日山水寨以及六处巡检司，并派重兵驻防。其海陆兼防，体系完整。明代前期，福建，包括兴化府，造船业相当发达。洪武五年，闽浙诸卫造海舟660艘。永乐（1403—1424）初年，福建都指挥司“造海船百三十七”[①]。明代，兴化渔港、商港、军港也都发展到相当程度。

郑和下西洋期间也抽调兴化卫、所、水寨官兵和舵工、水手等，编入庞大的舰队。

据弘治《兴化府志》记载：当时，驻防兴化的官兵和兴化船民，奉调参加了郑和率领的舰队七下西洋。其中，参与并留下名姓的有：

柳兴，兴化府莆田县人。其兄柳荣，兴化卫右千户所舵工。柳兴承袭兄职。“永乐三年，随太监郑和及王贵通等往西洋公干，有杀贼功，累升兴化卫中千户所百户。”

① 《明史·兵志》。

白旺，北直隶涿州人。时任兴化卫中千户所小旗。随郑和下西洋，“节次往西洋公干，有杀贼功，升授百户；永乐十三年，复以功升本所副千户”。

张能，浙江丽水人。时任兴化卫前千户所百户。永乐十年，蒙太监郑和“选往西洋”。他奉调跟随郑和出使西洋各国。后来病死途中。

许辟，江苏溧阳人。先后担任兴化卫前千户所总旗、百户。永乐三年起，跟随郑和“节次往西洋古里、小葛兰等国公干，以杀贼功升副千户”。

刘杰，兴化卫中所军小旗，“屡跟内官马斌等下西洋”，立过功。后来升为总旗。

这些人奉调参加郑和下西洋船队，都是从事护航军事工作，也都是基层军官。还有许多不知名的士兵以及舵工、水手等，都为郑和下西洋，以及海上丝绸之路进一步开辟做出了自己的贡献。

二、曾鲸与中西文化交流

曾鲸（1564—1647），字波臣，莆田人。他从小热爱美术，课读的同时，濡笔作画，显示了不凡的绘画才能。少年时，他的绘画就名扬乡里。后来，他长期居住南京，活动于南京、杭州、余姚等地，致力于人物画，最终成为明代著名的肖像画大师。人们称颂他“风神修整，仪观伟然”，又评价他所画的小像为福建“四绝”之一。姚露《露书》卷十五说：“吴文中花鸟佛像，曾波臣小像，洪宽小楷，黄允修篆石，皆称吾乡四绝。”当时，曾鲸在南京已是颇有名望。

利玛窦（1552—1610），意大利传教士。十六岁时在罗马大学学习法律，后加入耶稣会。他学识颇深，对地理和西洋肖像画技法也颇有研究。1578 年，他到印度传教，晋升司铎。1582 年来到中国。他喜欢结交文人，在广州时便接触了大量文人，了解中国文化。又到韶州，结识著名剧作家汤显祖等人。以后又到南昌和南京传教，生活了五六年。又结识了徐光启和福建的叶向高、李贽和曾鲸等人。他热衷于传播西方文化，包括绘画艺术、西洋技法。1601 年，他进入北京，在京城传教。第二年，他在北京绘制《坤舆万国全图》，还编绘了多种世界地图。1610 年，利玛窦在北京逝世。

利玛窦在中国传教期间，游历了很多地方，南京就是重要的一站。在南京期间，利玛窦与当时居住在南京的达官显贵、文人士子交往。曾鲸便是其中之一。日本大村西崖在《东洋美术史》中介绍说：万历十年（1582 年），利玛窦来华，能绘圣母玛利亚像。波臣既擅长国画，没有去模仿，但也吸收了利玛窦的肖像画法。

利玛窦在南京期间，曾鲸与他往来不断，进行中西绘画技法交流，并向利玛窦学习西方绘画技法。他特别学习西洋肖像画技法。他虚心学习，刻苦钻研，研习、师承古代人物画大师顾恺之“以形写神”的手法，并大胆吸收西洋画法，融合中西画法于一体，创造了独特的凹凸法，绘画艺术达到非常高的境界。

朱维幹评说：我们的文艺作风，到了明万历（1573—1620）时期，“第二次吸收外来成分，曾波臣实开风气之先。数十年来，西洋画盛行，对国画几有取而代之的趋势”。曾鲸为中西绘画交流以及中外文化交流做出了重要的贡献。

三、吴英、朱天贵与海上丝绸之路

吴英、朱天贵都是清朝初期海军名将。他们追随施琅收复台

湾、统一祖国，并为保卫台湾海峡段航行安全做出了重要的贡献。其造福一方的业绩广为传颂，为莆田人民所景仰。

吴英，字为高，号愧能，原籍泉州，后来入籍莆田，定居黄石定庄。康熙二年（1663 年）以平金、厦功授都司。康熙十三年，耿精忠发动叛乱，时任浙江提标左营游击的吴英，奉命参与平定叛乱。他历经水陆数十战，战功卓著，升迁提标中军参将、浙江处州副将。康熙十七年，他统兵入闽，守卫福建。康熙十八年，擢升同安总兵。后调任兴化总兵，镇守闽中。康熙二十二年，施琅奉命率师平定台湾，调吴英统领的部队参加平台作战，在澎湖海战中协助施琅指挥。施琅负伤后，代理指挥，夺取海战胜利，立下赫赫战功。郑氏投降、台湾统一后，施琅班师返回大陆，吴英留台镇守一年有余，平定明郑残余割据势力，防止新的动乱，为台湾顺利收归大清版图做出了积极的贡献。

次年，吴英奉命回京。康熙皇帝派他镇守浙江舟山。后擢升四川陆师提督。康熙三十五年，又以闽海海疆非宿将莫能镇压，吴英转任福建陆路提督。不久，改任福建水师提督。他“殚力经画，凡关国计民生者无不悉力举行”，任福建水师提督 16 年。

吴英热爱出生地和定居地，“敦族睦邻，置义田，赈凶荒，修兴化、泉州文庙，斥资六千余金重修熙宁、宁海桥。其居乡之善，又有足称者”。康熙五十一年，吴英终老在福建水师提督任上，赐太子少保。在莆田灵川山门村，建有一座占地五十亩、气势恢宏的吴英将军墓，在枫亭旧街，有康熙帝御赐的吴英将军神道碑。

朱天贵，字尊士，号达三，兴化府莆田县龙桥人。他行伍出身，初为郑经部将，后在闽浙总督姚启圣策反下，“以所部二万人、舟三百来降”。

朱天贵熟悉海战，他的部下是一支水师精锐。清廷对他深加优抚，任命他为浙江平阳总兵。

施琅于康熙二十二年三月二十五日向康熙皇帝请求：朱天贵及所部暂留福建，听从自己调遣。康熙皇帝答应施琅的要求。四月下旬，施琅和福建总督姚启圣商量后，再次向康熙皇帝请求，调朱天贵所部一半官兵随征台湾。康熙皇帝给予支持，并从朱天贵等总兵率领的部队中抽调官兵，组成攻台部队，集结于平海卫备战练兵。

康熙二十二年四月二十二日上午，朱天贵率舰队进入澎湖湾，与郑氏名将刘国轩军队展开激烈海战。“敌悉众拒战，总兵林贤、朱天贵先入阵，天贵战死。将士奋勇衷击，自辰至申，焚敌舰百余，溺死无算，遂取澎湖，国轩遁归台湾。”台湾收复后，七月，康熙皇帝赠澎湖阵亡的左都督、平阳总兵朱天贵太子少保，谥号“忠壮”，准其一子荫封，还题匾“忠勇茂眷”。康熙皇帝敕兴化府建祠纪念，地方官春秋二祭。

四、林麟焻与琉球外交往来

林麟焻，字石来，号玉岩，莆田县人。康熙九年（1670年）进士，历官中书舍人、佥事、贵州学政、布政司参议、四川典试副主考、顺天乡试同考等。他少以诗名，一生著有《玉岩诗集》《中山竹枝词》《星槎草》《郊居集》《竹香词纂集》《列朝外纪》等。同时，他作为使臣，在中琉人民友好往来中做出了重要贡献。

洪武（1368—1398）年间，明太祖册封琉球国国王为中山王。从此，琉球国开始了与明朝的贡奉关系。清康熙二十一年四月，琉球国国王崩殂，其世子尚贞继承王位，向清廷上表，请求册封。

康熙二十二年六月，康熙皇帝任命汪楫为正使，林麟焻为副使，率团前往琉球谕祭老王，册封新王。他们以正一品官员身份，持虎节龙旌，向琉球王递交康熙皇帝“中山世土”手书，完成册封琉球王的使命，推动和加强了两地人民的友好关系。

林麟焻在向康熙皇帝的奏疏中详细地介绍了前往琉球的航线。奏疏说：康熙二十二年六月二十二日，在福州谕祭妈祖后，“决计放舟。二十三日辰刻，遂出五虎门，过东沙山，一望茫茫，更无山影……以海道考之，二十四日，当过小琉球、花瓶屿、鸡笼、淡水诸山，而是日辰刻，已过彭佳山。酉刻，已过钓鱼屿，不知诸山何时飞越。二十五日，应见黄尾屿，不知何以遂蹦赤屿。二十六日，夜见姑米山，又不知何以遂至马齿山。此时，琉球接封之陪臣，唯恐突如入境，彼国无所措手，再拜恳求暂泊澳中，容其驰报。乃落篷而篷不得下，抛椗而椗不可留。瞬息已入琉球之那霸港，直达迎恩亭前矣。时方辰刻，距开洋三昼夜耳”。

林麟焻的这份奏疏记载了航线、沿岸岛屿情况，对考证这一海上丝绸之路很有价值。

他们在琉球时，琉球王和群臣赠以丰厚的黄金、白银等礼物。但他们分文不受，“厚有馈遗，麟焻悉却之，并革廪费口粮，中山人甚德之，为立却金亭以志”。他们还到久米村上天妃宫祭拜妈祖，感谢妈祖在他们来琉球的海上护航解难之恩。汪楫为上天妃宫题匾“朝宗永颖”。林麟焻则以裔侄孙的名义为上天妃宫题写二十三字长联一副：

累朝叠诰表神功，岳降自鲘江，翊运凝庥，频现红灯宣圣化；

重泽献琛逢盛世，皇华临马齿，抠衣展拜，永靖碧海耀吾宗。

在琉球期间，林麟焻观赏了那霸等岛屿的奇异风光，欣赏天妃宫等神庙祭拜妈祖等神祇的民俗活动，感慨非常，写下《中山竹枝词》组诗。其中第一首：

手持龙节渡沧溟，璀璨宸章护百灵。
清比胡威臣所切，观风先到却金亭。

第十二首：

望仙楼阁倚崔嵬，日看银山十二回。
笙鹤彩云飞咫尺，不教弱水隔蓬莱。

他还参观了天王寺，与僧人和诗。僧人号瘦梅道人，赋诗曰：

陶公帘下赤龙下，汉武殿前青鸟来。

他和诗道：

瘦梅道者人不识，梵夹吟题耸两肩。
赋得赤龙青鸟句，樊南甲乙可可传。

他还观看了万松院，僧人号不羁，也吟诗曰：

黄叶落三径，白云归数峰。

林麟焻也和诗道：

浮屠亦有不羁人，祇树萧萧绝世尘。
唐体诗中风格好，白云黄叶斗清新。

汪楫、林麟焻从琉球回京后，向康熙皇帝述职。康熙皇帝“询水情，条奏甚悉，皇帝大悦”。汪楫、林麟焻在向康熙皇帝上的奏疏中，也叙说了途中妈祖庇佑使团脱险，安全回国的情景。

汪楫、林麟焻奏请对妈祖举办春秋祭典礼，得到康熙皇帝批准。之后，林麟焻升任户部主事。为了感谢妈祖保护航海安全之恩，他亲到贤良港天后祖祠朝拜妈祖，又倡议重建天后祖祠，“遣工置木石整造之”，并奉旨主持春秋祭祀妈祖。他还为《天妃显圣录》和《敕封天后志》撰写了序言。

汪楫、林麟焻在琉球时，考察、参观琉球主要地方，留心收集琉球历史、地理、山川、风物、民情、礼俗等资料。回国后，汪楫撰写了《使琉球杂录》一书，绘制了《乘风破浪图》，林麟焻也留下《中山竹枝词》等诗，以记其事，这些都是海上丝绸之路历史上重要的文化遗产。

五、黄加略与中法文化交流

黄加略（1679—1716）是早期中法宗教文化交流的重要使者。黄加略又名黄嘉略，清代莆田县人。他出生于天主教家庭，7 岁丧父，母亲将他托付给传教士抚养。他从小刻苦学习神学与拉丁文。他是个虔诚的天主教徒，学习成绩也很好，深受法国传教士青睐，因而被派到意大利罗马和法国巴黎深造，学成后再回到莆田布道。

早在明万历（1573—1620）年间，传教士利玛窦就从海路经广州到中国传播天主教。清康熙（1662—1722）时，天主教也在莆田传播开。1702 年 2 月，天主教莆田区主教梁宏仁带黄加略前往意大利罗马，向教皇反映、汇报中国的“礼仪之争”处理意见。他们经伦敦、巴黎，翌年到达罗马。黄加略边从事神职工作，边学习，边了解、熟悉欧洲。1706 年到达巴黎。他先教法国人学汉语。之后，凭借深厚的中文和法文功底，被聘为法国国王路易十四的中文翻译官。

黄加略是福建最早留学欧洲并定居法国巴黎的中国留学生、传教士。他在罗马深造后，侨居法国巴黎期间，曾将中国古典小说《玉娇梨》译成法文（据传现存巴黎国立图书馆），又用法文编写《汉语语法》《汉法词典》，成就了早期法国汉学史上一段佳话。

1711 年，他因翻译方面的贡献，荣获“法国皇家文库中文翻译家”称号，从此声名鹊起。

当时，法国和整个欧洲一样，正流行“中国热”。黄加略在法国巴黎期间，主动融入法国上流社会，与法国学者广泛接触、交往。其中有著名思想家孟德斯鸠、植物学家茹西欧、汉学家加朗、地理和天文学家德利尔，以及弗莱雷、傅尔蒙等。1713 年 10—12 月，黄加略与孟德斯鸠多次会面、交谈。他向孟德斯鸠详细介绍了中国宗教、刑法、服饰、墓葬、家庭观念、文学、科举、妇女地位、国家性质等情况。后来，孟德斯鸠在他的著作《波斯人信札》《论法的精神》中，大量引用了与黄加略谈话的内容。

黄加略在巴黎居住了十一年，传播中国文化和西方文化，为中法和中西文明交流、互鉴贡献了自己的力量。当代学者许明龙评说，黄加略是“中法文化交流的先驱”。当代学者范大祺撰文指出：“黄加略既是中国汉语对外传播事业的拓荒者，也是向世界译介中国的奠基人。”

第三节　近代与海上丝绸之路有关的重要人物

一、林伯清

林伯清（1890—1930），字万曦，涵江区鳌山人。1909 年，20 岁的林伯清开始在厦门、漳州一带经商，在同乡支持下创办“永发办货行”，办理乡亲前往东南亚国家和地区的手续和接待回乡华侨等业务。之后，他又在涵江创办“大成办货行”，经营桂圆干、荸荠、豆饼和大米等，运销海外。

1928年起，他经过实地考察，认为秀屿的地理位置独特，建港条件好，可停靠大型船舶，又是一处老港口，有一定基础，还考察了湄洲湾沿岸莆田、仙游、惠安三县货源及其销售情况，认为发展海上交通运输大有可为，就决定在秀屿兴建码头泊位。下定决心后，他创办兴安公司，并千方百计筹集资金，征集土地，聘请相关人员。经三年努力，终于在秀屿建成一座栈桥式水泥码头。与此同时，他以“兴安公司”名义，购买五艘轮船、九艘机动船，组建船队，开辟多条航线。他的船队航行于市内、省内各港口，并远航至温州、宁波、上海等地，运出桂圆干、食糖、生猪等特产，运进豆饼、纱布、煤油、肥田粉、杂货等。

秀屿港重新崛起，成为莆田近代海上丝绸之路新的起止点。1930年，林伯清被杀害。1939年，秀屿码头及其他设施被日寇飞机炸毁。

二、蒲鲁士

清末民初，蒲鲁士奉美国美以美耶稣会的派遣，以传播福音为名，到兴化地区传教。他的传教活动，客观上也促进了西方设备、技术和文化在中国的传播。

蒲鲁士（1864—1917），号叟堂，美国乌省泉田城新历克顿乡人。毕业于美国何省卫斯理神学大学，获博士学位。1889年，蒲鲁士赴新加坡等地传教。1890年，他和妻子蒲星氏一起，被派到福建兴化地区传教，主持兴化教区教会工作。1892年，他创办了福音书院，并自任院长，培养了40多名传道人员。后停办。1901

年，书院再度开办，蒲鲁士再任院长。

为了宣传圣经，扩大基督教影响，也传播西方文化，1897年，蒲鲁士又在莆田城内创办了美兴印书局，自任局长，又创办美兴书坊，出版中文《新旧约全书》，同时承印社会各界的印刷品，还印刷罗马字母和莆仙方言音的基督教其他经籍。1898年，蒲鲁士创办了《奋兴报》（罗马文版）。1908年，又创办中文《奋兴报》，其妻子蒲星氏主持报社工作。报纸内容除了宣传基督教教义及其活动，还大量报道地方与国内外大事，特别是美国新闻。

1904年，蒲鲁士将西学堂扩设为哲理中学。1906年，蒲鲁士在福音书院内附设师范学校，自任校长、教员，为教会培养师资。蒲鲁士夫妇还创办其他中学、小学，并选送一批学子到美国留学。1905年，蒲鲁士夫妇在莆田创办兴化女医院，在涵江创办兴仁医院，在黄石创办仁济医院。

为了推销美国商品，1899年，蒲鲁士创建了美兴纺纱织布局，开了莆田机器纺织之先河。1909年，蒲鲁士在涵江设立义德洋油栈，自任经理，销售美国美孚洋油。1912年，蒲鲁士推荐亲信担任亚细亚火油分公司经理。之后，在蒲鲁士支持下，涵江宫口设立源丰煤油栈，推销美国煤油。这一年，蒲鲁士赴东南亚婆罗洲，与当地政府订约，在沙捞越地区租赁山地，然后回莆田组织莆、仙两县的教徒前往垦荒种植，并规定参加垦殖的教徒必须捐出十分之一的收入给教会。次年，蒲鲁士又支持教友创办面粉加工厂。1915年，蒲鲁士还创办了兴善汽船公司，购置了水上木制汽船，使用机器动力驱动，往来于城、涵两地。同时，他又在城内、涵江、黄石开设机器碾米厂、面粉厂、制糖厂、肥皂厂等。第二年，莆田沿海堤坝决裂，海水淹没沿海大片农田，蒲鲁士出面，募集资金，修复了东埭石堤。

蒲鲁士在兴化地区生活了 27 年，1917 年返回美国，并带回莆田特产荔枝种苗，在美国试种，移植成功，并在美国南部各州和巴西、古巴等国家推广，也获得成功。不久，蒲鲁士病逝于美国家乡，终年 54 岁。

三、华实

华实，字秋庄，英国苏格兰人。华实早年毕业于英国剑桥大学，硕士学位，宣统元年（1909 年）奉英国圣公会之命，来到莆田传教，先在兴化圣教医院即圣路加医院担任外科医生，1912 年接任圣路加医院院长之职。

1913 年，医院增设产科，提倡科学接生，还附设产科学校，培养护士。他还建立了医院基金会，筹集资金，并在莆田东门外下墩村购置农田一百多亩，设立田庄，以出租农田收入扶持医院发展。1918 年，创办红十字会，发展会员。

华实还在莆田创办了多个实业公司。1913 年，他投资购买一台立式单缸十二匹柴油机，安装了一艘二十个座位的客运小汽船，取名“捷兴号”，搭载旅客，航行于莆田城区至涵江之间航道上。随后，他又购置了汽车，用于运输，还为医院进口医疗设备。华实还热心支持教友创办实业，帮助教友引进机器设备，创办粮食加工厂和铅字印刷厂等。

1918 年 8 月，杨持平率领安溪民军会合莆仙民军（人称“南军”）进攻驻莆城、涵江两地的北洋军队（又称“北军”）。双方激战数月，死伤惨重，散兵游勇又到处抢掠。华实和关陈谟等人发起成立莆田县红十字会，救护伤病员，拒绝民军入城内搜查。

后来，华实还出面调停，划莆田为北军防区，仙游为南军防区。战事遂告平息。1922年，粤军军长许崇智率部进攻福建，闽督李厚基败退莆田。华实为了避免溃兵进入城内骚扰百姓，冒雨募款400多元作为北军遣散费，将散兵游勇遣散出境。1924年，福建军务帮办王永泉被孙传芳部所驱逐，大批溃兵涌入莆田，城里兵匪剧增，大肆扰民。华实竭力抚恤灾民，并以红十字会名义为军队筹款，动员军队退出莆城，使境内百姓免遭兵祸。1925年，忠门乡农民奋起抗捐抗税，夺取军警枪械，杀死官兵。华实又主动充当调解人，动员群众送还枪支，并交纳罚款2.5万元，平息了事态。

华实在莆田居住了26年，他治病救人，创办不少近代工业企业，引进了部分国外先进设备，对莆田近代工业发展做出了贡献。同时，他还积极筹款捐资修建了木兰陂、东角堤、玉湖堤、沟下桥、玉塘桥和铺砌了数十里松岭山道，在莆田百姓心中留下了深刻的印象。1925年，华实奉调返回英国。

四、宋尚节

宋尚节（1901—1944），莆田县笏石坑北村人，出身于基督教教会家庭。他留学美国，获得博士学位。1927年回国后，积极布道，介绍基督教教义，“足迹遍布全国十三省，行程共计五万余里，开会在千次以上，听道者人数已逾四十万人，决志信主者在一万八千余人”。

1935年，宋尚节还不遗余力，努力推动基督教在东南亚国家传播。他先后赴菲律宾、新加坡、马六甲、槟榔屿、苏门答腊、缅甸、越南、泰国等国家和地区布道，曾在这些地方轰动一时。

《中国基督教人物小传》上卷的作者查时杰评说："宋是民国时期最杰出的基督教奋兴布道家"，"对中国基督教会的贡献与影响，的确算是前无古人可与相比"，"而后亦无来者可资比拟，他是卓越的'一代神仆'。"

第四章

莆田与海上丝绸之路有关的重要文物

第一节　莆田海上丝绸之路重要史迹

莆田曾是海上丝绸之路的重要节点之一，留下了众多珍贵的文物古迹。这些文物古迹，见证了莆田海上丝绸之路的历史。

一、码头遗址

兴化是古代海上丝绸之路沿岸重要地区，兴化三大海湾繁华的港口码头是海上丝绸之路的重要节点，在对外经济文化交流方面曾发挥过重要的作用，并且至今仍保存许多重要的码头遗址、遗迹。

贤良港古码头遗址，位于今湄洲湾北岸开发区港里村，原名黄螺港码头。唐代兴建，宋时扩建，以条石砌成，长约 600 米，设施更加完善。现存宋建石砌码头，约 60 米长，还存有系缆石。

贤良港码头虽历经千年，仍保存较好，现已被列为市级文物保护单位。清诗人吴德昭诗云：

风起芦花水国秋，黄螺港曲海潮流。
声闻鸿雁寒偏早，浪激蛟螭怒未收。
恍惚吴胥涛更憾，别离楚屈更犹愁。
贤良胜景于今在，何必广陵咏潮游。

吉了港遗址，位于湄洲湾畔、忠门半岛东吴村。港口码头为宋代兴建。现仅存明代石砌码头遗迹，还保存古城城墙遗址以及航标塔——东吴石塔。现被列为市级文物保护单位。

明代吉了港遗址

秀屿港码头遗址，位于湄洲湾畔、东庄镇秀屿村。曾几度繁华，最多时拥有海船400多艘，富甲莆阳。清初截界，化为焦土，一蹶不振。民国时重建一码头。如今，随着秀屿港大规模开发，已为新的大型码头取代。现仅存港口码头遗迹。

太平港码头遗址，位于湄洲湾畔、仙游县枫亭镇。宋时兴建。现存三处宋代港口码头遗址以及航标塔——天中万寿塔。

白湖港码头遗址，位于荔城区镇海街道阔口村。宋代兴建。现仅存留唐宋港口码头遗迹。

平海港码头遗址，位于埭头半岛、平海湾平海澳、秀屿区平海镇。平海，原名南啸，原为渔村、渔港。宋代开辟为商港，并在其上兴建世界上第二座妈祖庙。明代，改南啸为平海，在平海设置平海卫，兴建平海卫城，管辖莆禧千户所和南日山水寨，保卫海防和海上交通运输安全，打击海贼和倭寇的抢劫破坏。清初，平海成为清廷福建水师最重要的基地，为收复台湾、保卫海疆安宁做出了重要贡献。施琅手书《师泉井记》和“师泉”石刻，见证了那段历史。现平海天后宫被列为全国重点文物保护单位和全国涉台重要文物。平海港还一直是莆田重要的渔港。

平海港

涵江港码头遗址，涵江一直与海上丝绸之路关系密切。涵江，宋代兴化重要市镇，福建水陆交通要冲之一。今涵江仍保留海岑前、新港、徒门三处港口码头。其石刻仍在。宋代修建的下徐天后宫和蔡襄书写的“端明”石刻、明代《设色星图》以及下徐造船厂，记忆了涵江与海上丝绸之路的关系。

宁海港码头遗迹，在今涵江区镇前村。码头遗址已无从查找。

此外，莆田还有兴化湾畔迎仙港、江口港等港口遗迹。

二、与海上丝绸之路有关的石塔

石塔（包括佛塔），是古代海上交通以及军事活动中用于警示、导航等的设施之一。千百年来，作为海舟航行以及进出港口的导航设施的石塔，不少至今仍屹立在莆田各港口。

望夫塔，位于仙游县榜头镇南溪村高望山上（今称塔山）。形成于汉代，唐代建，20 世纪 80 年代重建。石构，五层，直径六米，出檐为八角形。现为县级文物保护单位。

至今，望夫塔附近村庄还流传着周氏垒石登高遥望出海经商未归的丈夫的传奇故事。明诗人林允升作诗纪念：

此塔曾传为望夫，朝朝拾级自踟蹰。

怀人长共云航渺，雨落空山泪滴珠。

天中万寿塔，又名青螺塔、塔斗塔、摘星塔，也称阿育王塔、宝箧印经塔。位于湄洲湾畔、仙游县枫亭镇塔斗山顶上。传说该塔始建于盛唐，也有说建于五代。北宋仁宗时，蔡襄主持重建。

天中万寿塔

全塔以花岗岩青石砌筑，方形，实心。坐北向南，五层，高 7.4 米，边长 5.1 米，基座边长 7.8 米。三层须弥座，束腰处雕刻精美。塔斗山，海拔 118 米，塔建于山顶，高 5 米多，凌空而起，直插云霄，极为壮观。民间相传，郑和下西洋的舰队也曾停泊太平港。天中万寿塔作为千年古刹会元寺佛塔，是中印文化交流的印证，也见证了枫亭海上丝绸之路历史与佛教文化交流历史。天中万寿塔，作为太平港航标塔，千年来发挥了重要的作用。此塔至今保存完好。2004 年被列为全国重点文物保护单位。

东吴塔，又称吉了塔、吉廖塔，位于湄洲湾畔、忠门半岛东吴村。明万历四十六年(1618 年）建。仿楼阁式，石构，八角七层，通高 21.54 米。底层正门向东偏北，边长 2.11 米。正门两旁雕刻武士，其他层面置佛龛，雕佛像。各层塔门雕刻“祝圣伟望”“古刹嘉馨”“海上鳌峰”以及建塔纪年等。须弥座束腰处雕刻鸟兽图案。东吴塔为进出吉了港发挥了导航作用。至今保存完好，已被列为市级文物保护单位。

东吴塔

贤良港航标石塔，位于湄洲湾畔、山亭镇贤良港（港里）村古港边、天后祖祠东侧。宋代建筑风格。塔为方形，累石叠砌而成，塔尖小，正方形。石塔四面壁上皆雕佛龛与佛像，简约古朴。上为塔刹，顶部为法轮。此石塔是贤良港重要的入港导航设施。现保存完整，为福建省历史文化名村贤良港（港里）的重要文物。

贤良港石塔

塔仔塔，位于木兰溪出海口、兴化湾内塔仔屿上、荔城区北高镇汀江村。明代万历十三年（1585年）建。楼阁式，青石砌成，四角五层，空心，塔刹葫芦型，塔尖已断。高约15米，边长4.6米。底层朝东开门，门高1.48米，宽0.78米，内有石雕像。内置石阶，通至三层。下三层有洞眼，对外瞭望。塔仔塔是早期进出三江口港、涵江港船只的辅助导航设施。

三、古窑址与“瓷之路”

宋元明时期，兴化通过海上丝绸之路开展对外贸易，瓷器是大宗出口物资之一。兴化制瓷业相当发达，现存的宋代古窑址是海上丝绸之路历史的见证。

莆田、仙游、兴化三县若干岗阜上，散布着一处处古窑。这

宋碗洋窑遗址

些地方，高岭土和燃料资源充足，生产的瓷器种类繁多，富有民族艺术特色和地方风格。宋至明时，这里生产的瓷器，经兴化各港口和海上“瓷之路”流播至朝鲜、日本、东南亚，甚至印度洋、亚丁湾沿岸各国和地区。

历史上，莆田陶瓷器生产很兴盛，也对外输出。宋《莆阳志》和明弘治《兴化府志》都写道：“兴化县徐州村有青磁窑，今废；近仙游县万善里潭边有青瓷窑，烧造器皿颇佳；及本县北洋澄林有磁窑，烧瓮碗碟，南洋濑溪有磁窑烧酒缸、花盆等器，景得里（今黄石附近）又有瓦窑，专烧造砖瓦，阖郡资以为用。”

莆田市发现宋代窑址就有十多处：

庄边窑址，在庄边镇碗窑垅。宋代建。周约 400 米，烧制青、白、黄瓷生活用品。现为市级文物保护单位。

碗洋窑址，在西天尾镇碗洋村。宋代建，明清时仍在生产，以青瓷为主。遗址内遍地瓷片。

还有许山窑址、瓦窑垅窑址、过洋窑址、笼口山窑址、溪车窑址、新塔村窑址、云居窑址、碗边窑址、圣山窑址等。

这些古窑址是研究古代社会经济和手工业生产的实物佐证，也是莆田与海上丝绸之路沿线国家和地区经济交流的历史见证。

四、与海上丝绸之路有关的重要桥梁

莆田古代桥梁主要有石梁桥和石墩木梁桥两种，个别地方还有廊桥等。莆田现存与海上丝绸之路直接联系的古桥梁有熙宁桥、濑溪桥、宁海桥、江口桥、小屿桥、太平桥等。

宁海桥，位于木兰溪入海口、荔城区和涵江区交界的古宁海渡上。始建于元元统二年（1334 年），桥梁建成后，白湖港和宁海港日渐衰落，三江口港兴起。后多次重建重修。现宁海桥为伸臂式石梁桥。船形桥墩，14 墩，15 孔，桥面用 75 根巨型条石铺就，长 225.7 米，宽 5.8 米，高 10 米。桥两端立石将军和石狮。现为全国重点文物保护单位。

宁海港与宁海桥

五、海神与重要宫庙

宋代，兴化（莆田）背依戴云山脉，面临台湾海峡，是典型的海洋文化区域。自古以来，海上往来船只多，而航海活动风险大，危险性和偶然性事件多，因此产生了海神崇拜。宋代，兴化就产生了妈祖、光济王、柳侯、显应侯、水部尚书等海神信仰。莆田境内海神庙众多，其中影响最大的是湄洲祖庙，是全国重点文物保护单位，妈祖信仰习俗被列入世界非物质文化遗产名录。平海天后宫，是全国重点文物保护单位、全国涉台重要文物。天后祖祠、文峰天后宫，为福建省级文物保护单位，被列入省级非物质文化遗产名录。祥应庙，为市级文物保护单位。现存宋碑刻《有宋兴化军祥应庙记》，是莆田与海上丝绸之路关系的重要实物见证。除妈祖宫庙外，还有柳侯庙、光济王庙、水部尚书庙等。

《有宋兴化军祥应庙记》碑

六、烽燧

烽燧，又称烟墩。烽燧是古代边防及军事活动中用于侦察、警备、通信等的军事设施。汉唐时广泛应用于丝绸之路上，保护丝绸之路畅通。烽燧，兴化地方则称为墩台、斥堠。

明代，倭寇不断侵犯，加上海盗活动猖獗，为了防倭、防盗，明朝廷在兴化府除设兴化卫外，又增设平海卫、莆禧千户所，以及迎仙、冲沁、青山、嵌头、吉了、小屿巡检司，并设南日山水寨。墩台“为传报边寇声息而设”。从江口至秀屿 100 多千米的沿岸险要处共设置有 59 座墩台，行侦察、警戒治安之职。岁月变迁，风雨剥蚀，现兴化的诸多墩台，仅存遗址、遗迹。

兴化湾畔有迎仙烽燧、茶浦烽燧、哆头烽燧、三江口烽燧、谷城烽燧、埕口烽燧、后埔烽燧、黄崎烽燧、鲫鱼烽燧、岩沁烽燧、东林烽燧、湖边烽燧、澄港烽燧、石城烽燧等。

平海湾畔有察山烽燧（位于南日岛）、下徐烽燧、石井烽燧、小澳烽燧、石狮烽燧、嵌头烽燧、山西烽燧、山柄烽燧等。

湄洲湾畔有文甲烽燧、火头烽燧、东湖烽燧、砺前烽燧、大仑烽燧、吴山烽燧、绳屿烽燧、林边山烽燧、上殴烽燧、草厝山烽燧等。

以上烽燧遗址，至今依稀可见。

七、水道

水道是舰船海上航行必经的经一定整修的航道。古代海上丝绸之路航线上形成的水道是古代通往南洋和西洋的海路的一段航线。

古代莆田海域最主要的航行水道，有南日水道、湄洲湾水道等。

南日水道，位于兴化湾和平海湾交界处外、埭头半岛突出部石城角和南日群岛以及大小乌丘屿之间，直达台湾海峡，地理位置十分重要。古代，东海至南海的船只都要经过南日水道。这一水道，现每天众多舰船航行于此，被称为“黄金水道”。

南日水道水下考古曾发现10处沉船遗址，其中南日小日村周边就有7处遗址。南日水道打捞的沉船遗物有宋元两代青釉碗、铜钱，如“大观通宝”“熙宁通宝”“绍兴通宝”等。它们见证了海上丝绸之路上这一黄金水道久远的历史。

门峡仔沉船遗址，位于湄洲湾北岸经济开发区东吴村外海域，曾打捞出唐代青釉碗、罐等陶器。

莆田市还开辟有其他水道。

第二节　与海上丝绸之路有关的重要典籍

古代典籍是海上丝绸之路历史的重要文字载体。莆田现存的与海上丝绸之路有关的古代文献资料，包括典籍、碑记、匾额、石刻等，主要有宋代蔡襄的《荔枝谱》《茶录》，宋代方略的《有宋兴化军祥应庙记》，元代林蒙亨的《螺江风物赋》，明代周瑛和黄仲昭的《兴化府志》，清代林清标的《敕封天后志》，等等。

一、蔡襄与《荔枝谱》《茶录》

蔡襄所著《荔枝谱》《茶录》两本科技专著，是莆田市记述海上丝绸之路的重要著作之一，有着重要的史料价值、科学价值、文物价值。

蔡襄（1012—1067），字君谟，仙游县枫亭人。天圣八年（1030年）进士。

蔡襄

蔡襄先后任漳州军事判官、西京留守推官、馆阁校勘和知谏院兼修起居注。后也曾担任地方行政长官。

我国是世界上栽培荔枝最早的国家。唐代，莆田就已种植荔枝，市区“宋家香”就是历史见证。宋代，兴化有“荔子甲天下”之称。

古代，荔枝也是我国对外经济交流的重要物品。福建荔枝很早就名扬海内外。淳熙《三山志》说：“故闽中所产，比巴蜀、南海，尤为殊绝。”兴化军荔枝种植面积大、品种优，特别是陈紫，“名冠众品”。

宋代枫亭，据《宋代草市镇研究》一书介绍：“丘陵岗峦，满坡荔枝，盛夏时节，绛囊似火。肉质上乘，闻名遐迩。仁宗朝名臣蔡襄故里赤湖所产的尤为卓绝。”蔡襄在福建为官期间，关注民生，对荔枝很有研究。嘉祐四年（1059年），他在任泉州知府时，

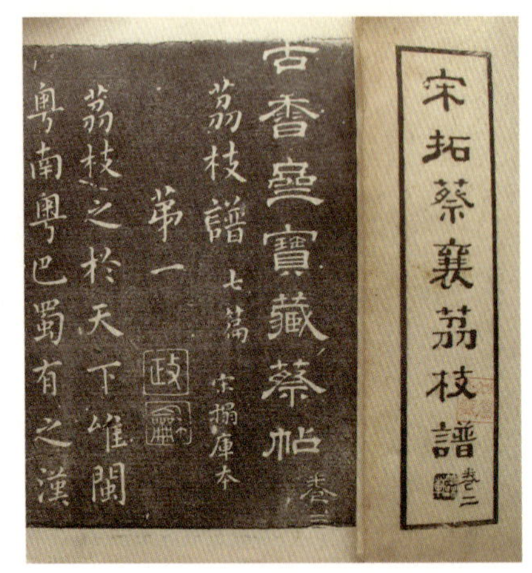

《荔枝谱》

撰写成《荔枝谱》，第二年，又以楷书体抄写出全书。《荔枝谱》是我国也是世界上第一部有关荔枝的专著。全书共 7 篇，约 3000 字，详细地记载了荔枝的历史、产地、生态、加工、贮藏、运销、服食等。书中还特别介绍了荔枝在国内销售情况以及对外出口情形，也十分具体地写了北宋福建路与兴化军的商业和海运以及对外贸易的繁荣情况。他写道：荔枝“初着花时，商人计林断之以立券，若后丰寡，商人知之。不计美恶，悉为红盐者，水浮陆转，以入京师，外至北漠、西夏，其东南舟行新罗、日本、琉球、大食之属，莫不爱好，重利以酬之。故商人贩益广，而乡人种益多。一岁之出，不知几千万亿，而乡人得饫食者，盖鲜以其断林鬻之也”。

蔡襄为京官，任翰林学士权三司使时，将《荔枝谱》进献仁宗皇帝，后刻印成书，留传开来。近代以来，《荔枝谱》被译成英文、法文、德文、日文、拉丁文等多种文字出版发行 10 多个国家和地区。20 世纪初，美国传教士蒲鲁士在莆田传教过程中，把莆田荔枝良种陈紫引回美国，按蔡襄《荔枝谱》记载进行栽培，取得成功，并在美国南部各州和巴西、古巴等国家推广，也获得成功。

蔡襄任福建路转运使时，政务之余，深入茶乡调查，帮助茶农解决生产和销售问题，并详加记录。他还负责监制北苑（今建瓯）贡茶，写了组诗《北苑十咏》，生动、形象地记录了北苑水土和贡茶采制、品尝等盛况。蔡襄对培育优良品种、制茶、煮茶技艺、用水、火候、茶具、品茶等也都作了精心独到的研究。皇祐四年（1052年），他著成《茶录》一书，呈献仁宗皇帝。仁宗阅后，命送入内府珍藏，还勒石传于后世。英宗治平元年（1064年），蔡襄将其修订后刻印刊行。近代以来，《茶录》也被译成英文、法文等向世界传播、交流。

《茶录》一书分序言和上下两篇，上篇论茶，分色、香、味、藏茶、炙茶、碾茶、罗茶、候茶、熁盏、点茶十目，介绍茶汤品质和烹饮方法。下篇论器，分茶焙、茶笼、砧椎、茶铃、茶碾、茶罗、茶盏、茶匙、汤瓶九目。《茶录》是继唐陆羽茶经之后又一重要的茶学“扛鼎之作”。

《茶录》一书的刊行，推动了福建建州（今建瓯、武夷山一带）包括兴化茶叶生产和茶具（茶器）制造。

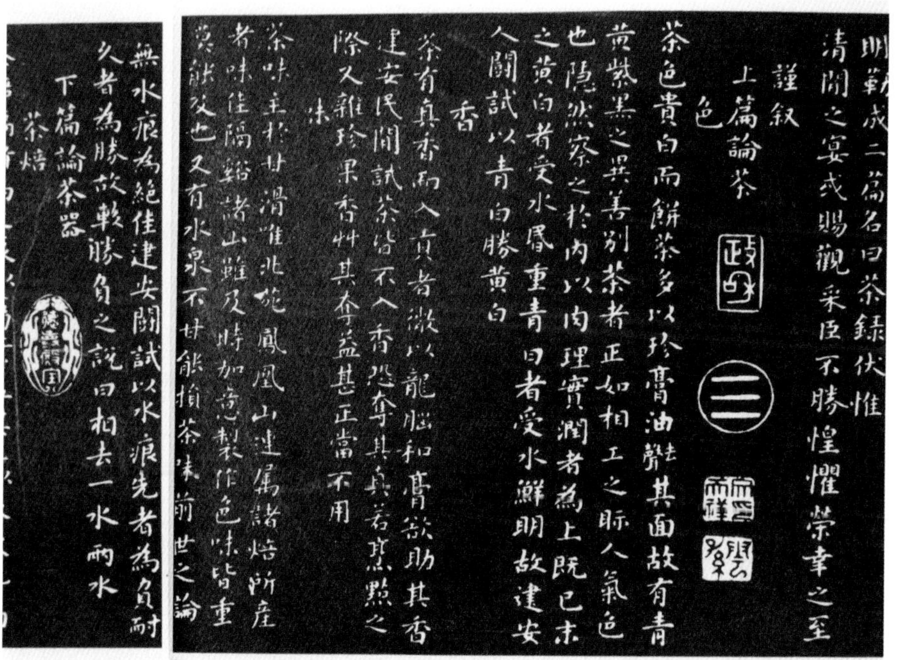
明勒成二篇名曰茶録伏惟
清閒之宴或賜觀采臣不勝惶懼榮幸之至
謹叙
上篇論茶
色
茶色貴白而餅茶多以珍膏油其面故有青
黄紫黑之異善別茶者正如相工之瞟人氣色
也隱然察之於内以肉理實潤者為上既已末
之黄白者受水昏重青白者受水鮮明故建安
人鬭試以青白勝黄白
香
茶有真香而入貢者微以龍腦和膏欲助其香
建安民間試茶皆不入香恐奪其真若烹點之
際又雜珍果香草其奪益甚正當不用
味
茶味主於甘滑惟北苑鳳凰山連屬諸焙所產
者味佳隔谿諸山雖及時加意製作色味皆重
莫能及也又有水泉不甘能損茶味前世之論
無水痕為絶佳建安鬭試以水痕先者為負耐
久者為勝故較勝負之説曰相去一水兩水
下篇論茶器
茶焙

《茶录》

为了促进商品流通与经济发展，蔡襄还推动福建官道整修、桥梁建造、码头兴建。他在泉州为官时，倡导、主持修建著名的洛阳桥，长三百六十丈，宽一丈五尺，被誉为“海内第一桥”，解决了闽南南北交通问题，对促进泉州港的繁荣起了很大作用。蔡襄在兴化军涵头镇主持兴建的码头，称端明码头。在枫亭倡导、主持重建的塔斗山天中万寿塔，成为太平港的导航航标。

二、方略与《有宋兴化军祥应庙记》

方略，字作谋，宋兴化军莆田县白杜村（即今城厢区白杜村）人。崇宁五年（1106 年）进士。历官崇德县县尉、提举广东常平、琼州知州，直至潮州知府。他为人正直，为政清廉，曾反对与金国签订“海上之盟”，遭受当权派打击，被贬官。他又是位藏书家，家有“万卷楼”。他整理祖上藏书，编辑有《万卷楼书目》一卷。

方略家附近有座祥应庙，原名大官庙，五代时创建，奉祀海神，“显应”的传说故事远近闻名。泉州海商、船民都会前来祈求航海平安。大观二年（1108 年），宋徽宗赐庙名“祥应庙”，并赐封海神为“显应侯”。“显应侯”深受船民、海商崇拜，特别是海商，把它视为航海保护神。

宋高宗绍兴四年（1134 年），祥应庙重建，绍兴六年落成。绍兴八年，祥应庙邀请方略撰写该庙重建的庙记。方略应允撰写了《有宋兴化军祥应庙记》，并由左朝散大夫、尚书驾部员外郎方昭书写。当年立碑于庙中。

《有宋兴化军祥应庙记》首先介绍了祥应庙所在地的地理位置、历史沿革、民间传说和褒封“显应侯”“显惠侯”的经过。庙记写道：

《有宋兴化军祥应庙记》碑刻

郡北十里有神祠，故号“大官庙”。大观元年，徽宗皇帝有事于南郊，裒百神而肆祀之，于是诏天下名山大川及诸神之有功于民而未在祀典者，许以事闻。部使者始列神之功状于朝，从民请也。次年赐庙号曰“祥应”，其后九年新祀明堂，复修百神之祀。而吾乡之人又相与状神之功迹乞爵命于朝廷，太常上其议曰“显应侯”。天子亦嘻，时则宣和四年也，惟神威灵惠我一方，宜有以宠异之，乃宸笔刊定显惠侯。时则宣和四年也。谨按侯当五季时已有祠宇，血食吾民。……往时游商海贾，冒风涛，历险阻，以谋利于他郡外蕃者，未尝至祠下，往往不幸，有覆舟于风波，遇盗于蒲苇者。其后郡民周尾商于两浙，告神以行舟，次鬼子门，风涛作恶，顷刻万变，舟人失色，涕泣相视尾曰：吾仗神之灵不应有此，遂号呼以求助，虚空之中若有应声。俄顷，风恬浪失，舟卒无虞。又有泉州纲首朱纺舟往三佛齐国，亦请神之香火而虔奉之，舟行迅速，无有险阻，往曾不期年，

获利百倍。前后之贾于外蕃者，未尝有是，咸皆归德于神，自是商人远行莫不来祷。

庙记是福建宋代海内外交通的见证，也是莆田参与海上丝绸之路极为重要的历史见证。

《有宋兴化军祥应庙记》碑刻，高 1.5 米，宽 0.9 米，楷书，全文 1857 字，1961 年被列为福建省级文物保护单位。

三、林蒙亨与《螺江风物赋》

林蒙亨（1291—1361），原名林亨，元代兴化路仙游县连江里（今枫亭镇）人。他出身贫寒，从小聪明好学，长大后，屡试不第，以教书为业，边授徒边刻苦读书，知识渊博，熟识天文、地理、理学、历史，善文章，能词赋。《连江里志》说他“方其怀才未遇，人或未之信也，作《螺江风物赋》自寓”。元至正三年（1343 年），53 岁的他入京应试。传说殿试第一。后授官朝奉大夫。6 年后，辞官回归故里，隐居于龙华宝幢山。

林蒙亨出仕前撰写了《螺江风物赋》一书。该书内容丰富，资料翔实，很有历史价值、史料价值、文学价值，是一部研究枫亭与海上丝绸之路关系不可多得的史料著作。

《螺江风物赋》一书介绍枫亭地理位置之险要：

极莆阳而南，其地为枫亭，与温陵之北界相接；其山为青螺，与沧海之地脉相通；其水自赤湖而东，汇于螺峰之下，与沙坂之人家相为环绕。其人与物之所出，非他所比也。而昔之高人胜士，鲜有揄扬之盛而铺张其美者。

接着又详细介绍枫亭的地理变迁与历史沿革：

繄昔之风物，信人杰地灵之所钟。结枫为亭兮，古仙人之遗踪；大侯小侯之东盘，九仙之西踞；北有勒马朝天之岭，南则石牛之九峰。大海迎其潮兮，支分于筝笼岳秀；一溪浩其流兮，源发于南之大同。远而眺之，美相玉立而献状，五侯戟植以排锋。联冈万迭，突然而有太子；插云千丈，巍然而有壶公。近而视之，夭矫乎九龙英雄之气，山猿飞而地豹眠。奔腾乎西北者，不知其几千万里。左界昆仑、大帽之峻，缀于鸿渐、铜鼎之峨峨；右界云门、谷山之峭，承于大象、塔斗之颙颙。公侯草市，百年之古谶呈象；丞相鸿陂，千顷之神渊跃龙。湖赤鲤而横亘乎其旁，岫青螺而特立乎其中。

进而写螺江物产之富饶，人物之昌盛，写道：

一哄之市，百货骈集；五达之逵，四方会通。千门楼阁而鳞迭，万室罗绮而尘红。览旧德之名氏，则异材迭出，盛事旁午。皆故老之相传，以为故国之强宗。昔仆射兮今丞相，更累世而振东阳之旧阀；前端明兮后右司，不十年而总全闽之元戎。一家八虎，并列乎中丞、散骑；对门五马，相辉于西蜀、南雄……

其斥卤之滨，则煮海以为盐。荡以信潮之汹涌，暴以朝日之瞳昽；场地既干，火烈具举。黔灶罗列而欝攸，青烟直上而冥蒙。浩浩乎昆山玄圃之玉，镕炼消散，乍飞乍聚；皎皎乎太白峨眉之雪，眩转的皪，不澌不融。官府赦其征，亭户公其鬻；迩者收蓄而盖藏，遐者输转而运载。百味所须，四时所急。盖出之愈泄，而积之愈丰。缘高崖，逾绝险，历他州，入异县，虽千山万岭之荒隅斗僻，而食之者与谷同化，赍之者与海分功。

其沃衍之畴，则植蔗以为糖。春养其萌，夏粪其株；秋敛其叶，茎修节疏；冬食其干，肤腻液充。伐者如木，束者

> 如竹。入佳境，解朝酲，虽醍醐膏露之滋，不足以比其醲。于是刳木为槽，断木为杵，饱万夫之食，而明烛继夜，长歌相舂。槌壁成哨，擘圭作甘，醽以清泉，甑不炊而神液滋漉；高灶蒸云，列鼎腾烟，调以甘膏，火不停而灵砂自镕。于以盛之万瓮竹络，于以奠之千艘桂楫。顺风扬帆，不数日而达于江、浙、淮、湖，都会之冲。北方之人，京尘渴肺，储金宝以待入浦之舟，而往来之憧憧。若此之类，言之不尽。
>
> 盖其风土之所出，人物之所合，水陆之所备，舟车之所会，既日盛于一日。自远方而来迁家者，复多于穴之蚁，窠之蜂。人但见今日人家之密，而不知异日黄沙之坂，芳草之蒙茸。

螺江之富庶、繁盛，必然促进港口之发展。《螺江风物赋》记述了螺江历史上的繁华，生动地说明了它为什么会成为“海上丝绸之路”重要节点之一。

四、周瑛、黄仲昭与《兴化府志》

莆田修纂地方志始于南宋。南宋时有人修纂过《莆阳志》，但没有流传下来。元代，没有人纂修过兴化地方志。明代，许多人修过兴化府志。弘治（1488—1505）年间，莆田县人周瑛和黄仲昭纂修了《兴化府志》，并流传至今。

周瑛（1430—1518），字梁石，号翠渠，原莆田县人。进士出身，曾官至贵州布政使。为官期间，颇有政绩，并亦官亦文，曾主撰《漳州府志》《蜀志》《广德志》等，著有《翠渠类稿》。致仕回乡后，关心家乡文化事业，与黄仲昭合撰《兴化府志》。

黄仲昭（1435—1508），名潜，以字行，号退岩居士，原莆田

县人。进士出身，曾为编修，官至提学使。他曾编写《延平府志》《邵武府志》《南平县志》，主编福建省第一部省志《八闽通志》，著有《未轩集》。

《重刊兴化府志》

周瑛和黄仲昭两人应兴化知府陈效邀请，主持编写《兴化府志》。从弘治十四年（1501 年）开始，至弘治十六年成书，历时 3 年。周瑛“领总志”，黄仲昭领“人物志”。

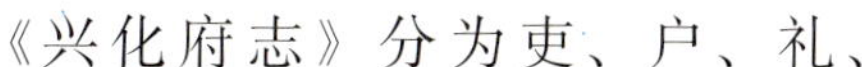

《兴化府志》分为吏、户、礼、兵、刑、工六纪。“每纪提其要以为纲，叙其事以为目。凡遇成制，谨以全文收录，其他各推论本末得失，以究事理之归，以附于本纪之下”，“终篇所述，皆以修政立事、济人利物、移风易俗为主”。全书共 54 卷，65 纲，257 目。分为《吏纪》《户纪》《礼纪》《兵纪》《刑纪》《工纪》《外纪》。其中《吏纪》详写郡县、官员、府县官年表、监官、劝驾录、年劳录，《户纪》详写山川、里图、户口、土田财赋、徭役、货殖、山海物，《礼纪》详写分野、气候灾祥、风俗、学校、科目、礼乐、礼纪等以及艺文、人物列传，《兵纪》详写兵政、驿递、铺志、武臣事，《刑纪》详写刑法，《工纪》详写廨署、道路、水利、上供，《外纪》详写二氏等。

《兴化府志》全书内容丰富，资料翔实，全面记述了古代至明前期兴化地理历史、政治经济、教育文化、文物古迹、对外经济文化交流等，是今人考察、了解古代莆田在海上丝绸之路开通过程中地位和作用的重要资料。

五、林清标与《敕封天后志》

《敕封天后志》是清代莆田人林清标于乾隆（1736—1795）年间编纂成书的，分上下两卷，是第一部关于妈祖信仰的系统完整的学术著作，具有重要的文学价值和史料价值。

林清标，字弼侯，号韦亭，兴化府城郊长丰人。他是九牧林林蕴之后，出身于书香门第。林清标于乾隆六年（1741 年）考中举人，后参加会试，未中，列为副榜。被派往惠安县担任教谕，著有《苑舫居诗文集》六卷。为了编纂《敕封天后志》，他回到家乡，深入府城兴化、妈祖诞生地贤良港与羽化地湄洲屿，以及莆禧、门夹、平海、白湖等地妈祖庙考察，收集地理和历史资料、妈祖传说故事，并到府学、县学搜集有关妈祖的文献资料，然后分类梳理。经过深入研究，他发现“前人叙文纪传，未经细考，故多差讹”，并且“次序错杂，间多有附会”，且“板多散失，后有辑时，事以增补重刊而未尝广传”。于是确定了编写原则：“无从核实而不录”，“核实付梓，使人有所考而无疑。”他确定这部书为“兹就家乘，而祥其实，目之曰志。志者，志其实也”。他不辞辛劳，认真考证资料，去伪存真，终于撰写成书，并且做到“爰仿古人左图右书之法，浮者删之，实者录之，编次绘图，以成一部信书”。

《敕封天后志》是一部林氏家族史以及妈祖为人为神的传记和庙志。它简略地介绍莆田县、兴化府地理，以及湄洲屿、贤良港概况，并介绍郑和、施琅、兰理以及汪楫奏疏、碑记等，还有“贤良港祖祠考”“湄洲庙考”等，以及众多的插图，很有历史资料价值。

《敕封天后志》有选择地介绍了妈祖传说故事 49 个，这些传说故事，有的发生在国内各地，有的发生在海外。

妈祖传说故事就内容看，围绕“孝”和“忠”进行编织，包括以下三种：第一种，关于“孝”与“友”的内容。“百善孝为先”，这是古代伦理道德第一要求。为此，林清标选择“机上救亲”与“航海寻兄”的传说。第二种，关于为民为国的内容。其中，为民的传说包括“救商”“祷雨”“恳请却病”“除水患”“圣泉救疫”“救旱”“救瓯闽涝”“钱塘助堤”“托梦护舟”等；为国的传说几乎都是国家发生大事时，妈祖挺身而出为国效劳，如“金山助战”“助漕运”“救郑和”“破倭寇”“历庇封舟”“井泉济师”“澎湖助战”“引航澳”“保护册使”等。第三种，关于神话传说，如“诞降”“窥井”“湄岛飞升”“降伏二神”“收晏公”“收伏二怪”“托梦建庙”“蕉符改革”等。

《敕封天后志》所收录的妈祖传说故事，按年代编排，从中可以看到妈祖信仰发展的轨迹，及当时相关的海事活动。

书中还收录了自北宋末宋徽宗到清嘉庆时历朝历代皇帝褒封、诏书、御祭文，以及各个朝代大臣的奏疏、谢恩疏。其中郑和的奏疏与施琅的《师泉井记》尤为珍贵，明清之际五位高级官员和文人撰写的序言也颇有价值。

书中还明确了妈祖诞生日和羽化日。历代典籍中对妈祖诞生日和羽化日的记载各异，有唐玄宗时和宋哲宗时等五种说法。《敕封天后志》明确妈祖生于宋太祖建隆元年（960 年）三月二十三日，羽化于宋太宗雍熙四年（987 年）九月初九。此种说法为后人广泛认同，并成为定论。

妈祖诞生地问题，有湄洲、贤良港、泉州、霞浦等各说。各种典籍中记载也有不同。《敕封天后志》明确妈祖诞生在莆田贤良港。妈祖之曾祖“弃官隐于海滨贤良港……（天后）所窥之井即港之麓，升天则在海屿湄洲也”。“九月九日到湄洲飞升。”贤良港，“俗呼黄螺港，乃天后生长之乡”。《敕封天后志》还作了考证，并绘图说明。这也逐渐为后人认同。

《敕封天后志》是第一部关于妈祖的人物总志，也包括地理志、文化志、民俗志等，而且是资料收集、保存较为完整的一部典籍。它的刊行，使得妈祖传说故事在闽台，在全国乃至海外广为流传，影响颇大，推动了妈祖信仰在海上丝绸之路沿线国家和地区的进一步传播。

六、明代《设色星图》

明代《设色星图》为大型卷轴画。它是莆田古代海上交通有关导航的重要参考之一。《设色星图》原藏于涵江区霞徐天后宫，中华人民共和国成立初期被发现。它也是我国首次发现的与古代航海有着密切关系的大型彩绘星图。

该星图残长148厘米，宽90.4厘米。中央绘制彩色星图，上下有文字说明。设色星图上的星宫，基本上仿照我国传统的以北极星为中心，以三垣、二十八宿为主体的画法。全图共画有288个星宫，约1400颗星。其中北斗七星和二十八宿主座特别用红色描绘，其余的星都画成黑白点。各颗星辰大小不同，表示星辰的视亮度。星图中心还绘有一圈罗盘。

1977年，《设色星图》被鉴定为明万历至清康熙前绘制的古代重要的有关天文的文物。1978年出版的《文物》杂志详细介绍《设色星图》：“星图上画有北极黄道、赤道、二十四方位。星图上有二十八宿，二百八十八个星宫，约一千四百颗星；外框画有四

涵江霞徐天后宫

十四神像，有的凶悍威严，持剑骑兽，有的脚踏烈火，有的文雅闲静，趺坐养神，神志各异，形象逼真。”

《设色星图》中央圆贴出了一个罗盘，星图的方位与罗盘一致，说明当时航海中为了把准航向，就是把星图摆在桌上，放上罗盘，用星图进行导航。此星图的绘制不但在研究古代航海、天文方面有较高的史料价值，而且说明了古代海上航行是以罗盘和星辰导航的，也证明了莆田港口是海上丝绸之路重要起止点之一。

明代设色星图

2014 年，《设色星图》被送往北京

参加“直挂云帆济沧海——海上丝绸之路特展”。现存莆田市博物馆。

七、《水路簿》

《水路簿》为明清时流传于莆田民间的手抄本。它是古代莆田先民在长期航海实践中积累的海上航行经验的结晶。先民们驾船从兴化湾、平海湾、湄洲湾出海，捕鱼、经商、巡海，航行在港湾中、在远海上。他们为了海上顺利航行，学会识别岛屿、山头、礁石等地理标志。指南针发明以后，又学会使用罗盘，结合潮水涨落情况，驾船航行。经过长年累月的实践积累，形成了一套经验，并世代口耳相传下来。到了明代，他们把这些经验记录下来，编成《水路簿》一书，作为当时和后代航海的指南。

《水路簿》抄本共178页，约4.5万字，有4种笔迹。它详细记录了古代莆田人航海东至台湾府、基隆、澎湖，南至泉州、厦门、汕头、广州、香港，北至福州、沈家门、宁波、上海、山东、天津等地的足迹，以及古代莆田人航海时用罗盘，以山头、岛屿、礁石等为地文导航的航行水路及航线。手抄本中有一些民间常用的字、方言及已消失的古地名，如“岙”为今“澳”或“坳”；湄洲，古称监头，即港头；“东湖”和“吉了”为今日的东吴；“西庭”为今日西亭；“浮熙”为今日莆禧。手抄本还记录了航行沿途那些躲避台风的澳口的位置。

书中所记载的进湄洲湾水路方向：

湄洲土名监头岙（方言即港头澳），抛船对沙岙也可抛，北风泊流至妙、敲船流东半可入监头岙，西北有沙坛，浅不可近。西北敲上有沉水礁，可防湄洲贼岙，可寄流甚摆，西有香炉礁，东南一列俱是沉水礁，北面亦有沉水礁，西去是屿南有大浪，北面门中有礁出水。打浪中间有竹排礁，水满看见。夜间行船须仔细也。大竹屿东南面鼻外有三四块名曰双善礁，礁外尚有平板礁一块。……看直山步黄岐螺外岙东鼻尾，有大树出铁钉屿，鼻正身又再看直山，步红瓜屿开嘴正身横山，步内面牛头山，搭桶盘屿垸角正，身欲入吉了，北面鼻尾有礁，南鼻内亦有礁，船对中直入吉了。西庭西亭前可逃台，无甚好处。入内去是西庭后忤不可逃台，鼻尾不可有礁并沙汕，候水返八九分，进入蚵壳庭，小船轻船可逃台无甚好处，外面有沙汕亦浅。吉了城北亦可逃台。出吉了东北亦有沙汕浅，亦寻正沟看沪角石，直出北面沙汕尽离。铁钉屿东头亦有沙汕，铁钉内门小船可过。水满、水退干浅，大船从铁钉屿东，水退干不可过。东面亦有沙坛，不可倚东。铁钉屿下有太宝礁，看横山，步铁钉屿尖搭东湖（东吴）乡尖正身看直山步浮熙（即浮曦）角西面山尖、塔磨石山鼻正身退半托，有铁钉屎礁，不可太倚也。

乌龟内打水贰拾托，外打水叁拾余托，东面遂是乌龟乌龟仔山，可抛小船。龟门小船可过。内面是湄洲用单酉取之。内面是蚵壳庭可逃台。上去是内东沪岙，……看内面南日山西寨头内虎仔屿出头即可，头起就无犯也，上去是牛屿也……牛屿亦有牛尾礁，夜间行船可防牛屿，门可过船者。内面观音岙，欲入岙，可用单酉取之，此针是牛屿下进入者。

书中也记载了兴化湾航道航行路线，即从南日水道进入兴化湾内的水路方向：

南日岙，好抛北方岙，岙底有礁一块，抛船不可太倚……东去是小日头也。小日头，西去中间有草难一块，礁东有沉水礁仔一块，看直山步南日虎尾仔屿，相舣鼻小开门，但是上洛无风之时，流水冲礁上，洛船者可倚小日头可倚倚过……看横山步大南日大山尖搭小日头山东南山尽尾相牵，正身南日流东水敲船过野马门也，上去是野马门也……野马门，门口有牛屎礁一块，沉水在野马门屿西面……看野马东头搭门扇后小开门可过牛鼻北门，大小船俱可个，北有塔仔屿，南有礁一块，水退半出水看直山，步北鼻牛角山搭搭仔屿涂寨……

此外，书中同样记载了平海湾航道航行路线：平海岙欲出南进士屿门，看鹭鸶屿舣南进士即可头对门出平海，虎角沙岙口开有礁生外，水退干出水行船，不可太倚。

《水路簿》详细记录莆田海域水路经过的岛屿、礁石和内澳所在地，以及船只航行路线，还有船只避风的澳口，是莆田作为海上丝绸之路重要节点之一的历史见证。

| 结语 |

“一带一路”与湄洲湾港的开发

莆田是开辟海上丝绸之路比较早的地区之一。早在唐代，莆田就是闽中地区的重要出海口，并形成了港口群，其中湄洲湾畔黄螺港、小屿港、青螺港成为这一港口群的重要组成部分。宋代，湄洲湾畔又形成了贤良港、吉了港、小屿港、太平港港口，与白湖港、迎仙港、宁海港一起成为海上丝绸之路耀眼的明珠。历经元、明、清、民国时期，港口群虽有兴衰变化，但历久不断。20世纪80年代起，湄洲湾港开发又被列入国家建设规划，迈出大规模开发的步伐，并出现以秀屿和肖厝为重点的南北两岸共同开发的热潮。因此，值此党中央和国务院提出和实施“一带一路”倡议之时，将湄洲湾港开发融入“一带一路”福建核心区建设中进行大规模开发，应是题中之意。

一、湄洲湾港开发现状

“沉舟侧畔千帆过，病树前头万木春”，这是福建，也可以说是湄洲湾港作为海上丝绸之路重要节点历史发展的真实写照。

当前，湄洲湾港已经在我国东南沿海异军突起。2015 年，莆田市港口吞吐量已突破 3000 万吨，预计到 2021 年港口吞吐量可达 6400 万吨。之后，通过能力将破 1 亿吨大关。湄洲湾港已经跻身我国大型现代化港口行列，并正在走向新的辉煌。

当前，世界正进入大港口、“大船时代”，而湄洲湾港能否开发成现代化的新的港口群，建设成大港口、大通道，向大产业、大物流方向发展，即建设成中国或世界大港即东方大港呢？能否成为 21 世纪海上丝绸之路战略枢纽之一呢？先看看湄洲湾港开发现状。

20 世纪 70 年代末，沉睡了多年的湄洲湾港开始重新开发，并迅速进入史无前例的大踏步开发建设时期。可从以下几个方面来具体地观察湄洲湾港开发现状。

一是从基础和规模看，湄洲湾港所属秀屿港区、东吴港区、肖厝港区、斗尾港区 4 个港区，港口基础初具规模。

其中码头泊位，湄洲湾已开发万吨至 30 万吨级码头泊位，并已形成配套。

秀屿港区，位于湄洲湾北岸，规划分为秀屿、莆头、石门澳 3 个作业区和枫亭港澳点。现已经新建了各类码头泊位 21 个，其中万吨级以上深水泊位 9 个。石门澳作业也正在开发，拟建 5000 吨级、2 万吨级、10 万吨级、15 万吨级码头泊位，年吞吐量约 1500 万吨。还兴建了港区后方配套仓库及仓储物流设施。

东吴港区，位于湄洲湾北岸，规划分为东吴作业区、盘屿作业区、罗屿作业区及文甲—湄洲岛港点。已建通用码头泊位 12 个，其中生产性泊位 7 个，万吨以上深水泊位 4 个，海上过驳 10 万吨级浮筒 1 个。已建成湄洲湾港口铁路支线——东吴支线，直通东吴作业区东一号码头和东二号码头，并正在修建东吴铁路支

当代秀屿港

罗屿 30 万吨级码头

线至湄洲湾港东吴煤炭码头和罗屿作业区码头。

罗屿作业区，罗屿至塔林段，拟建 5 万～25 万吨级泊位 15 个，还将建 30 万吨和 40 万吨级泊位。码头陆域面积 467 平方千米。现已经建成 2 个 30 万吨级泊位，并投入运营。预计综合通过能力 1 亿吨以上。已修建莆田火车站至罗屿码头泊位铁路支线。罗屿港区已成为中国东南沿海重要铁矿石港口。

斗尾港区，位于泉港区，规划以东周半岛为主，面积 173 平方千米。岸线长 76 千米，深水岸线长 7.7 千米，可建 20 万吨级以上泊位 4 个。其中外走马埭作业区已建码头泊位 9 个，青兰山 30 万吨级石油码头也在建设中。

肖厝港区，位于泉港区肖厝段，陆域面积 31 平方千米。现划分肖厝作业区和鲤鱼尾作业区。肖厝作业区建成 1 万～5 万吨级泊位 4 个，可停靠 7 万吨、10 万吨级船舶。港区年吞吐量 3050 万吨。鲤鱼尾作业区也已建成 1 万～10 万吨级泊位 4 个。

湄洲湾港码头泊位、航道等基础设施及其规模，在海峡两岸是数一数二的，可以通航 40 万吨级船舶。湄洲湾港 30 万吨级航道也已疏浚投入使用。湾内现已疏浚开通 5 万吨级、10 万吨级、30 万吨级航道及一批支航道，已开辟出 10 万吨级、25 万吨级、30 万吨级锚地，并设置如灯浮标、过驳浮筒、灯塔、灯桩灯塔、导标、灯浮标浮筒等导航设施。

二是已发挥大型中转港作用。湄洲湾港腹地既在大陆内地省份，如江西、湖南、湖北等省，又与国内海上丝绸之路沿岸地区各港口和国外海上丝绸之路沿岸地区和国家的港口相联系，转运货物。经过近 30 年努力，湄洲湾秀屿港区除了装卸液化气、集装箱、木材外，还已创下散粮日卸量 23700 多吨的能力，并有较强的过驳能力。东吴港区也已经具备较高的接卸装运能力，货物年综合通过能力2300多万吨，年通过旅客200万人次。罗屿港区30万吨级码头泊位已投入运营，矿石、煤炭通过能力已超过千万吨。在陆地上，已成为福建三明、南平、龙岩等地和江西省、湖南省等地煤炭、矿产等货物中转港。在海上，已成国内一些港口与世界一些地区和国家港口的中转港。

三是陆上交通设施初步完备，湄洲湾港初步形成水陆交通枢纽。经过近30年各方面的共同努力，湄洲湾港三大港区已形成公路网络，公路、高速公路通向三明、重庆等地，可以说已经连接四面八方。铁路方面，已经有了福厦铁路，还修通了向莆快捷铁路干线，设计年货运量2000万吨，直达江西、湖南、湖北、贵州等内陆省份。还修好了通向罗屿、东吴等码头的铁路支线。每年可供三明钢铁、新余钢铁、南昌特钢、方大萍钢等厂铁矿石3000万吨。

四是港口设施和管理机构以及管理制度已经较为齐全，形成一体化。特别是湄洲湾港口管理局成立后，莆田市秀屿、东吴、罗屿和泉州市肖厝等港口管理制度已较为完备、严格，并且能够较好地协调各种运营工作，还已经积累了相当丰富的管理经验。目前，罗屿等港区矿产资源—航运—码头仓储—加工—贸易—分拨物流供应链已经形成。

五是开辟国内外新航线。湄洲湾港至今已与国内各港口和世界几十个国家、地区港口通航。如国内已与丹东港、大连港、营口港、锦州港、秦皇岛港、唐山港、天津港、烟台港、青岛港、日照港、厦门港、黄埔港、台中港、基隆港等港口通航。在国外，已与亚洲的朝鲜南埔港，韩国釜山港、群山港，日本大阪港、石垣岛港、堺港、佐世保港、福山港、苫小牧港、鹿岛港、新潟港、宇野港、绿岛港、门司港、千叶港，菲律宾马尼拉港、宿务港，印度尼西亚巨港，泰国曼谷港，马来西亚、越南等的港口，印度加尔各答港，孟加拉国的港口，土耳其埃雷利港，伊朗港口，阿联酋迪拜港，沙特吉达港等港口通航。在欧洲，已与罗马尼亚、希腊、乌克兰、丹麦、俄罗斯等国家港口通航。在美洲，已与加拿大温哥华港、美国新奥尔良港、巴西苏德斯特港和马德里亚角港、古巴哈瓦那港、阿根廷坎伯纳港等港口通航。在大洋洲，已与澳大利亚悉尼港、沃克兰港、阿德莱德港、丹皮尔港、黑德兰港，以及新西兰的港口通航。在非洲，已与巴布亚新几内亚的港口通航。

湄洲湾港口已与 27 个国家 50 多个港口通航，与 170 多个国家和地区发生经济往来。一支新的莆商（海商）队伍涌现出来，人数达 150 多万，足迹遍及海上丝绸之路沿岸国家和地区。

六是临港工业初具规模。目前，在湄洲湾北岸秀屿和东吴陆域已兴建了一批临海工业项目，其中大型项目有佳通轮胎厂、湄洲湾火电厂、液化气站、中央粮食直属储备库、华港制油公司仓储设施、中闽物流公司槽运基地以及福建省罗屿港口开发有限公司等。在南岸，则有中国石油化工园区，其中原福建炼油厂已演变成合资企业，现称福建炼油化工有限公司，为大型炼油化工厂。泉港区现已成我国新的石油化工基地。

七是组织领导。湄洲湾港已实现一元化领导，统一管理港口开发和运营。由于历史原因，长期以来，存在“一湾两制”的尴尬局面。2018 年，省政府决定成立湄洲湾港口管理局，统一管理秀屿港区、东吴港区、肖厝港区、斗尾港区 4 个港区港务。这无疑将加快湄洲湾港的开发。

二、湄洲湾港大规模开发的主要条件

“一带一路”倡议的提出并施行，为湄洲湾大规模开发并融入重要枢纽之一提供了巨大的契机。

湄洲湾港开发成“东方大港”、“一带一路”重要枢纽，客观和主观条件完全具备。

（一）湄洲湾港实施大规模开发的客观条件

1. 自然条件优越

港阔水深。湾内水域面积 516 平方千米，纳潮量达 24 亿多立方米，水深 10 米以上水域面积超过 170 多平方千米，并且退潮速度大于涨潮速度，自净化能力强。

不淤不冻。整个港湾没有大河注入，水体含沙量低，不淤且水清。同时，气候适宜，终年不冻。

天然避风避浪。湾内三面为山丘、台地环抱。湾口至湾内有三道天然屏障，湄洲岛横亘湾口，为第一道屏障。盘屿、大竹屿、小竹屿、小霜屿构成第二道屏障。罗屿、横屿、洋屿构成第三道屏障。在三道屏障掩护下，湾内可以说是风平浪静，防护条件极好。

2. 港口资源丰富

湾口朝东南入台湾海峡。湄洲湾南北长 33 千米，东西宽 30 千米，天然深水岸线 21.4 千米，一些岸段稍加整治，又可以增加 10 多千米。可建深水码头泊位 150 多个，也可建 10 万～30 万吨级码头。港湾周围可供开发的陆域面积较多，有 100 多平方千米，而且地质条件好。

3. 港口区位优势突出

湄洲湾内外海域和港口区位极为重要，如有“黄金水道”之誉的天然水道——南日水道就位于莆田海域，此外还有湄洲湾天然航道。湄洲湾港也在台湾海峡西岸港口群中间，位置居中，面对台湾岛，往来极为便捷。如果与中国大港宁波港、上海港、黄埔港和湛江港往来，湄洲湾港也是处于中间位置。往外国，如果与东北亚国家和东南亚国家来往，湄洲湾港优势也是极佳。自古以来，此处就是海上丝绸之路重要站点和南来北往船舶必经之路。

值得指出的是，当前，湄洲湾港北承长江三角洲，南接珠江三角洲，濒临台湾海峡，是大陆离台湾直线距离最近的港口，具有拓展两翼、对接东岸的独特区位优势，又是服务我国中西部发展和对外开放的新通道。其地位和作用不言而喻。

（二）湄洲湾港大规模开发的主观条件

当前，湄洲湾港大规模开发不但有着优越的客观条件，而且具备良好的主观条件。

1983 年，经国务院批准，莆田、仙游两县因为开发湄洲湾而成立了莆田市。之后，市委、市政府提出“开发湄洲湾，振兴莆田市”的战略性口号，并形成了“港为城用，城以港兴”“要开放，先建港”的共识。之后，又提出“建设现代化港口城市”“加快新兴港口城市建设”“经济翻番，港城崛起”“跨越发展，宜居港城”“以港兴市，产业强市”“建设‘人兴业茂、清风明月’宜居港城”“坚持绿色发展，建设宜居港城”战略构想，并且制定了一系列具体政策，推动以港城建设为中心的各项建设。

从基础和规模看，湄洲湾港兴建了一批 1 万～10 万吨级的码头泊位及配套设施，清理了航道，至罗屿 30 万吨级航道已投入使用，建立了航道设施，如航标、锚地等，形成了大型的港口群，为建成东方大港打下了良好基础。陆上交通设施初步完备，形成港区、市内外公路网，兴建了福莆厦铁路和向莆铁路以及铁路支线。已发挥大型大宗货物中转港的作用，如石油、矿石、煤炭、木材等，成为福建诸港口中联系腹地的枢纽。空港建设迈开了步伐，机场正在兴建中。临港工业发展很快，湄洲湾火电厂、佳通轮胎厂早已建成投产。渔业经济发展迅速。以妈祖文化旅游为龙头的港口旅游经济突飞猛进。

人文交流合作渐入佳境。海丝文化交流频繁，特别是妈祖文化，内涵丰富，具有世界影响，交流频繁，规模大、声势大、影响大。姓氏文化交流突出，寻根谒祖活动频繁。

三、湄洲湾港大规模开发展望

中国是港口大国，港口规模连续多年稳居世界第一。据2018年统计，全国拥有万吨级以上泊位2444个，货物吞吐量达到143亿多吨，集装箱吞吐量2.5亿标准箱。湄洲湾港莆田市部分（北岸），2018年货物吞吐量约4000万吨；湄洲湾港泉州市部分（南岸），2018年货物吞吐量近6000万吨。作为“中国不多，世界少有”的天然深水良港，港口建设已具规模，国内外辐射范围已相当大，交通条件也已较大完善，陆域条件良好，前景极好。大规模开发湄洲湾港大有可为。

湄洲湾港开发应是向着大型中转港、临港工业、著名的旅游港、现代化的港口城市以及发达的海洋经济方向不断前进，进一步走向辉煌。

发挥湄洲湾大港口优势，建设形成大中转格局水转水、水转陆，双向港口物流。应继续努力，把湄洲湾建设成为东方大型港口，并把罗屿港区建设成中国和世界的铁矿、煤炭中转港，把秀

屿港区建设成液化气中转港，把肖厝鲤鱼尾港区建设成石化中转港。同时，发展临港工业以及以湄洲岛、贤良港、莆田市区和泉州市区为主的旅游港。以港兴市，建成以莆田市区为中心，包括环湄洲湾城市群的现代化港口城市。

（一）注重并不断调整布局，点面协同，突出重点

首先，正在兴建一批大型的多用途的码头泊位。应充分利用深水岸线，以建设大型码头泊位为先，然后再建中小型码头泊位。努力将湄洲湾港建设成为宁波至黄埔港之间新的大型港口，并且向建设中国和国际的大型中转港方向迈进，力争吞吐量尽快达到2亿吨以上。

其次，正在进一步发展临港工业，以大中型企业为主。湄洲湾南北两岸陆域条件良好，适合兴建大型工业企业。但对具有污染性的企业应严格控制。同时，在湄洲湾区域，再也不能继续围海造陆，以防湾区淤塞。

最后，湄洲湾南北两岸莆田市和泉州市，钟灵毓秀，自然景观优美，地灵人杰，人文景观丰厚，都是国家和省级历史文化名城。因此，两岸正在大力发挥文化优势，进一步发展文化旅游，努力把两地建设成旅游港口城市。

（二）莆田城市功能提升迅速，组建一支远洋和近海船队基础扎实

发展大型远洋船队是湄洲湾港建成中国和国际大型中转港必备的条件，湄洲湾港有了大型港口码头这一基础条件，还要组建大型的各种型号远洋和近海的船队，才能形成配套。目前，这应该是湄洲湾港口的薄弱环节。为使湄洲湾港在“一带一路”建设中发挥更大的作用，更有作为，湄洲湾港两岸统一管理起来后，

组建自己的大型远洋船队，逐步建设一支适应经济和文化形势发展需要的近海和远洋大型运输船队（包括大型油轮和煤轮）势在必行。

（三）港口、产业、城市正在协调发展

目前，经过30多年努力，湄洲湾已建成1万吨、3万吨、5万吨、10万吨、30万吨级码头泊位及其航道，而且湄洲湾港临港工业也有重大发展，福建联合石化、中化泉州石化、中海油、振龙石化、东港石化等大中型油气和化工品企业建成并投入生产。当前，怎么使港口、产业、城市协调发展是一个重要课题。在统一领导、统筹协调、科学管理等方面还存在不少矛盾，影响了港、产、城三者良好合作与共同繁荣。为此，建议设置忠门区、秀屿区、枫亭区、泉港区行政区，以莆田市区为中心，管辖4个区，统一领导湄洲湾港口开发建设。

（四）湄洲湾港口“卫星港”作用重大

目前，就莆田市来说，在福厦铁路、向莆铁路、沈海高速公路，还有至重庆高速公路修通后，过去梦想的湄洲湾港内陆腹地已经实现。当前，湄洲湾港口腹地不仅有我国内陆江西、湖南、贵州、重庆等广大地区，还有海上丝绸之路在我国国内沿岸的各个港口地区。因此，要不失时机地继续调动湄洲湾港口腹地积极性，加以充分利用，共同发展，加快莆田融入“海丝”进程。

莆田市集中力量打造21世纪海上丝绸之路重要枢纽——湄洲湾港的同时，也加快卫星港建设步伐，特别是三江口港建设步伐，进一步推动港城建设，壮大经济力量。

（五）华侨华人已经成为湄洲湾港开发的一支重要依托力量

就莆田海上丝绸之路历史而言，华侨华人曾是一支重要的力量，既是开拓者，又是建设者。莆田市是著名的侨乡，宋元以来，湄洲湾沿岸地区人们曾漂洋过海，到海上丝绸之路沿线一些国家和地区参与开发和建设，为当地经济文化发展做出了积极贡献。之后，他们又积极投入海上丝绸之路重要起点的湄洲湾沿岸莆田市和泉州市建设，努力贡献力量。近20多年来，湄洲湾一些港口码头泊位，就是他们投资修建的。北岸的湄洲湾火电厂和佳通轮胎厂和南岸的福建炼油厂也是他们投资发展起来的。从前一段开发过程看，其贡献不可小觑。

（六）妈祖文化资源丰厚，妈祖文化核心区正在形成

妈祖文化内涵丰富，具有世界性影响。2009年9月30日，联合国教科文组织政府间保护非物质文化遗产委员会第四次会议审议，决定将“妈祖信俗”列入世界非物质文化遗产名录，这也是中国首个信俗类世界遗产。目前，世界各地已兴建约5000座妈祖庙，信众超过2亿人。莆田市已成为世界妈祖信众朝拜的圣地以及世界妈祖文化研究的中心。妈祖文化也成为东西方交往交流的重要纽带和桥梁。

莆田市和泉州市，应形成以湄洲妈祖祖庙（羽化地）为龙头，包括贤良港天后祖祠（诞生地）、莆田市区文峰天后宫（首封“夫人”“妃”宫庙）、平海天后宫（晋封“天后”宫庙）、泉州天后宫（褒封“天妃”宫庙）的妈祖文化核心区。

与此同时，还应该以妈祖文化为龙头，推动莆田和泉州地区地域文化与海上丝绸之路沿线国家和地区文化交流与民间往来，增进了解和友谊。

当前，以湄洲湾港为核心的新的港口群已形成，实现了大宗

湄洲妈祖祖庙

货物如铁矿石、煤炭、石油、粮食中转目标。临港工业方面，大型火电厂、炼油厂，以及其他工厂拔地而起并投入生产、运营。港口城市极具规模并已成著名的旅游港，发展前景良好。

主要参考文献

1. （明）周瑛、黄仲昭：《兴化府志》，福建人民出版社 2007 年版。

2. 《宋史》《明史》《清史稿》，中华书局 1977 年版。

3. （清）吴英：《行间纪遇》，厦门大学出版社 2016 年版。

4. （清）林清标：《敕封天后志》，乾隆四十三年刊行。

5. 《莆田市志》《莆田县志》《仙游县志》。

6. 金文亨：《湄洲湾开发利用研究》，厦门大学出版社 1990 年版。

7. 金文亨、金立敏：《人物春秋》，厦门大学出版社 1999 年版。

8. 林仙久：《林默的贤良港》，德宏民族出版社 2012 年版。

9. 蔡天新：《莆商发展史》，中央文献出版社 2014 年版。

10. 金文亨、陈金海：《妈祖文化源流探析》，鹭江出版社 2014 年版。

11. 林仙久：《历史的真实》，海峡书局 2017 年版。

后　记

莆田地处我国东南沿海，镇福建沿海中部之战略要塞，控海峡西岸之水陆要冲，自古以来就是海上贸易与人文交流的重要之处。莆田具有发展海洋经济文化的天然优势，海上贸易始于汉代，兴于隋唐，崛起于宋元，曲折发展于明清，辉煌于民国，鼎盛于现代。特别是莆田发达的海洋经济、深厚的文化底蕴和素有“中国犹太人”之称的兴化商帮，为海上丝绸之路拓展增添了许多魅力，呈现出许多特点。

为了做好莆田“海丝”课题研究工作，莆田市社科联原副主席金文亨、莆田市委党校教授蔡天新和湄洲日报社原副编审林仙久等共同组成《福建海上丝绸之路·莆田卷》课题组。课题组人员先后奔赴福州、上海、南京、北京等省市档案馆和图书馆查阅了大量的史书典籍，拜访了日本、朝鲜、韩国、马来西亚、印度尼西亚、新加坡等国十多位专家学者，征集了不少古代莆田海上贸易与人文交流的史料，集思广益，博采众议，力求实事求是地还原莆田历史真相，客观公正地评价历史功过是非。

《福建海上丝绸之路·莆田卷》采用编年史与专题研究相结合

的编写体例，全书分为上下篇，并配有大量照片，史料丰富，图文并茂。上篇由蔡天新研究员撰稿，下篇和绪论及照片由金文亨研究员、林仙久副编审撰写并提供。《福建海上丝绸之路·莆田卷》记叙了汉代以来莆田地方行政区划演变、人口迁徙、经济社会发展的基本脉络，再现了莆仙先民披荆斩棘、筚路蓝缕推动农耕文明和海洋经济发展的艰难历程，科学总结了莆田海上丝绸之路拓展和中西方文明交流互鉴的辉煌成就与地方特色。

盛世修史，功在千秋，借古鉴今，利在当下。课题组全体人员经过三年的艰苦努力，四易其稿，终于付梓，以飨读者。但因编者水平有限，加上史书内容时间跨度长，史料考证比较困难，难免出现纰漏与错误，敬请广大读者斧正。

编者

2021 年元旦